# İspanyol Lezzetleri

Sangria'dan Paellaya, İspanyol Mutfağına Yolculuk

Pablo Torres

**Bu kitabın tamamen veya kısmen çoğaltılmasına izin verilmez.**

**ne bir bilgisayar sistemine dahil edilmesi ne de iletilmesi herhangi bir biçimde veya herhangi bir yöntemle, elektronik olsun, mekanik, fotokopi, kayıt veya diğer yöntemlerle,**

yayıncının önceden yazılı izni olmadan. suç

sayılan hakların suç teşkil edebileceği

**fikri mülkiyete karşı (Madde 270 ve devamı.**

**Ceza Kanunu)**

# İÇİNDEKİLER

YEMEK İSPANYOL ................. Errore. Il segnalibro non è definito.

    COD AJOARRIERO ............................................................... 27

        İÇİNDEKİLER ................................................................ 27

        DETAYLI BİLGİ ............................................................. 27

        KANDIRMAK ................................................................ 27

    SHERRY BUHARLANMIŞ BARIŞLAR ................................... 28

        İÇİNDEKİLER ................................................................ 28

        DETAYLI BİLGİ ............................................................. 28

        KANDIRMAK ................................................................ 28

    TÜM I PEBRESİ PRAWNS İLE MAYŞUNBALIKLARI ............... 29

        İÇİNDEKİLER ................................................................ 29

        DETAYLI BİLGİ ............................................................. 30

        KANDIRMAK ................................................................ 30

    KAVRULMUŞ ÇİPARAN ..................................................... 31

        İÇİNDEKİLER ................................................................ 31

        DETAYLI BİLGİ ............................................................. 31

        KANDIRMAK ................................................................ 31

    LA MARINERA'DA İSTİDRALAR .......................................... 32

        İÇİNDEKİLER ................................................................ 32

        DETAYLI BİLGİ ............................................................. 32

        KANDIRMAK ................................................................ 33

    PİLPİLLİ KOD ..................................................................... 34

        İÇİNDEKİLER ................................................................ 34

        DETAYLI BİLGİ ............................................................. 34

KANDIRMAK ............................................................................... 34
VİSKİLİ TAVUK DAVULLARI ........................................................ 35
    İÇİNDEKİLER ......................................................................... 35
    DETAYLI BİLGİ ...................................................................... 35
    KANDIRMAK ......................................................................... 36
KIZARMIŞ ÖRDEK ..................................................................... 37
    İÇİNDEKİLER ......................................................................... 37
    DETAYLI BİLGİ ...................................................................... 37
    KANDIRMAK ......................................................................... 38
VİLLAROY TAVUK GÖĞSÜ ........................................................ 39
    İÇİNDEKİLER ......................................................................... 39
    DETAYLI BİLGİ ...................................................................... 39
    KANDIRMAK ......................................................................... 40
HARDAL VE LİMON SOSLU TAVUK GÖĞESİ .......................... 41
    İÇİNDEKİLER ......................................................................... 41
    DETAYLI BİLGİ ...................................................................... 41
    KANDIRMAK ......................................................................... 42
ERİKLİ MANTARLI KAVURULMUŞ GAÜNET .......................... 43
    İÇİNDEKİLER ......................................................................... 43
    DETAYLI BİLGİ ...................................................................... 43
    KANDIRMAK ......................................................................... 44
MODENA SİRKESİ İLE KARAMELİZE PİKULLO İLE DOLDURULMUŞ VİLLAROY TAVUK GÖĞSÜ ....................................................... 45
    İÇİNDEKİLER ......................................................................... 45
    DETAYLI BİLGİ ...................................................................... 45
    KANDIRMAK ......................................................................... 46

PASTIRMA, MANTAR VE PEYNİR İLE DOLDURULMUŞ TAVUK GÖĞSÜ .................. 47
    İÇİNDEKİLER .................. 47
    DETAYLI BİLGİ .................. 47
    KANDIRMAK .................. 48
ERİKLİ TATLI ŞARAP TAVUK .................. 49
    İÇİNDEKİLER .................. 49
    DETAYLI BİLGİ .................. 49
    KANDIRMAK .................. 50
KAHU FINDIKLI TURUNCU TAVUK GÖĞSÜ .................. 51
    İÇİNDEKİLER .................. 51
    DETAYLI BİLGİ .................. 51
    KANDIRMAK .................. 51
KEKLİK TURŞUSU .................. 52
    İÇİNDEKİLER .................. 52
    DETAYLI BİLGİ .................. 52
    KANDIRMAK .................. 52
CACCIATORE TAVUK .................. 53
    İÇİNDEKİLER .................. 53
    DETAYLI BİLGİ .................. 53
    KANDIRMAK .................. 54
COCA COLA TARZI TAVUK KANAT .................. 55
    İÇİNDEKİLER .................. 55
    DETAYLI BİLGİ .................. 55
    KANDIRMAK .................. 55
SARIMSAKLI TAVUK .................. 56

İÇİNDEKİLER ........................................................................... 56

DETAYLI BİLGİ ....................................................................... 56

KANDIRMAK ......................................................................... 57

TAVUK AL ÇOCUK .................................................................. 58

İÇİNDEKİLER ........................................................................... 58

DETAYLI BİLGİ ....................................................................... 58

KANDIRMAK ......................................................................... 59

Bıldırcın Turşusu ve KIRMIZI MEYVE ........................................ 60

İÇİNDEKİLER ........................................................................... 60

DETAYLI BİLGİ ....................................................................... 60

KANDIRMAK ......................................................................... 61

LİMON TAVUK ....................................................................... 62

İÇİNDEKİLER ........................................................................... 62

DETAYLI BİLGİ ....................................................................... 62

KANDIRMAK ......................................................................... 62

SERRANO HAM, TORTA DEL CASAR VE ARUCULA İLE SAN JACOBO TAVUK ................................................................................... 64

İÇİNDEKİLER ........................................................................... 64

DETAYLI BİLGİ ....................................................................... 64

KANDIRMAK ......................................................................... 64

FIRINDA KÖRİ TAVUK ............................................................ 65

İÇİNDEKİLER ........................................................................... 65

DETAYLI BİLGİ ....................................................................... 65

KANDIRMAK ......................................................................... 65

KIRMIZI ŞARAPTA TAVUK ...................................................... 66

İÇİNDEKİLER ........................................................................... 66

DETAYLI BİLGİ .................................................................. 66
KANDIRMAK ..................................................................... 67
SİYAH BİRA İLE KAVRULMUŞ TAVUK ........................................ 68
    İÇİNDEKİLER ................................................................... 68
    DETAYLI BİLGİ ................................................................. 68
    KANDIRMAK .................................................................... 68
çikolatalı keklik ..................................................................... 70
    İÇİNDEKİLER ................................................................... 70
    DETAYLI BİLGİ ................................................................. 70
    KANDIRMAK .................................................................... 71
KIRMIZI MEYVE SOSLU HİNDİ KAVRULMASI ............................ 72
    İÇİNDEKİLER ................................................................... 72
    DETAYLI BİLGİ ................................................................. 72
    KANDIRMAK .................................................................... 73
ŞEFTALİ SOSLU KAVURMUŞ TAVUK ........................................ 74
    İÇİNDEKİLER ................................................................... 74
    DETAYLI BİLGİ ................................................................. 74
    KANDIRMAK .................................................................... 75
Ispanak ve mozarella ile doldurulmuş tavuk fileto ................. 76
    İÇİNDEKİLER ................................................................... 76
    DETAYLI BİLGİ ................................................................. 76
    KANDIRMAK .................................................................... 76
CAVA'DA KAVRULMUŞ TAVUK ................................................ 77
    İÇİNDEKİLER ................................................................... 77
    DETAYLI BİLGİ ................................................................. 77
    KANDIRMAK .................................................................... 77

Fıstık Soslu TAVUK ŞİŞ .................................................................. 78
    İÇİNDEKİLER ............................................................................ 78
    DETAYLI BİLGİ ......................................................................... 78
    KANDIRMAK ............................................................................. 79

PEPITORIA'DA TAVUK ................................................................ 80
    İÇİNDEKİLER ............................................................................ 80
    DETAYLI BİLGİ ......................................................................... 80
    KANDIRMAK ............................................................................. 81

TURUNCU TAVUK ...................................................................... 82
    İÇİNDEKİLER ............................................................................ 82
    DETAYLI BİLGİ ......................................................................... 82
    KANDIRMAK ............................................................................. 83

BOLETUSLU TAVUK Haşlama .................................................... 84
    İÇİNDEKİLER ............................................................................ 84
    DETAYLI BİLGİ ......................................................................... 84
    KANDIRMAK ............................................................................. 85

FINDIKLI VE SOYALI TAVUK SOTE ............................................ 86
    İÇİNDEKİLER ............................................................................ 86
    DETAYLI BİLGİ ......................................................................... 86
    KANDIRMAK ............................................................................. 87

KIZARTILMIŞ ALMEDRASLI ÇİKOLATALI TAVUK ....................... 88
    İÇİNDEKİLER ............................................................................ 88
    DETAYLI BİLGİ ......................................................................... 88
    KANDIRMAK ............................................................................. 89

KIRMIZI BİBERLİ HARDAL SOSLU KUZU ŞİŞ ............................ 90
    İÇİNDEKİLER ............................................................................ 90

DETAYLI BİLGİ .................................................................. 90
KANDIRMAK ..................................................................... 91
LİMANLI DOLMA DANA YÜZGESİ ............................................. 92
    İÇİNDEKİLER ................................................................ 92
    DETAYLI BİLGİ .............................................................. 92
    KANDIRMAK ................................................................. 93
MADRİLEYA KÖFTE .............................................................. 94
    İÇİNDEKİLER ................................................................ 94
    DETAYLI BİLGİ .............................................................. 95
    KANDIRMAK ................................................................. 95
ÇİKOLATALI DANA YANAĞI ..................................................... 96
    İÇİNDEKİLER ................................................................ 96
    DETAYLI BİLGİ .............................................................. 96
    KANDIRMAK ................................................................. 97
TATLI ŞARAP SOSLU DOMUZ KONFİTLİ Börek ............................. 98
    İÇİNDEKİLER ................................................................ 98
    DETAYLI BİLGİ .............................................................. 98
    KANDIRMAK ................................................................. 99
MARC'A TAVŞAN ................................................................. 100
    İÇİNDEKİLER ................................................................ 100
    DETAYLI BİLGİ .............................................................. 100
    KANDIRMAK ................................................................. 101
PEPITORIA FINDIK SOSLU KÖFTE ............................................. 102
    İÇİNDEKİLER ................................................................ 102
    DETAYLI BİLGİ .............................................................. 103
    KANDIRMAK ................................................................. 103

SİYAH BİRA İLE DANA ESKALOPİN ..................................................... 104
    İÇİNDEKİLER ........................................................................................ 104
    DETAYLI BİLGİ .................................................................................... 104
    KANDIRMAK ....................................................................................... 105

TRIPES A LA MADRILEÑA ........................................................................ 106
    İÇİNDEKİLER ........................................................................................ 106
    DETAYLI BİLGİ .................................................................................... 106
    KANDIRMAK ....................................................................................... 107

ELMA VE NANELİ KAVRULMUŞ DOMUZ BÖLÜMÜ ..................... 108
    İÇİNDEKİLER ........................................................................................ 108
    DETAYLI BİLGİ .................................................................................... 108
    KANDIRMAK ....................................................................................... 109

AHUDUDU SOSLU TAVUK KÖFTE ..................................................... 110
    İÇİNDEKİLER ........................................................................................ 110
    DETAYLI BİLGİ .................................................................................... 111
    KANDIRMAK ....................................................................................... 111

KUZU GÜVEÇ ............................................................................................ 112
    İÇİNDEKİLER ........................................................................................ 112
    DETAYLI BİLGİ .................................................................................... 112
    KANDIRMAK ....................................................................................... 113

TAVŞAN MİSKE ......................................................................................... 114
    İÇİNDEKİLER ........................................................................................ 114
    DETAYLI BİLGİ .................................................................................... 114
    KANDIRMAK ....................................................................................... 115

PIPERRADA İLE TAVŞAN ........................................................................ 116
    İÇİNDEKİLER ........................................................................................ 116

DETAYLI BİLGİ ................................................................. 116

KANDIRMAK .................................................................. 116

KÖRİ SOSLU PEYNİR DİLİ TAVUK KÖFTE ........................... 117

    İÇİNDEKİLER ................................................................ 117

    DETAYLI BİLGİ ............................................................. 118

    KANDIRMAK ............................................................... 118

KIRMIZI ŞARAPTA DOMUZ YANAKLARI ............................ 119

    İÇİNDEKİLER ................................................................ 119

    DETAYLI BİLGİ ............................................................. 119

    KANDIRMAK ............................................................... 120

DOMUZ İPEK NAVARRE .................................................. 121

    İÇİNDEKİLER ................................................................ 121

    DETAYLI BİLGİ ............................................................. 121

    KANDIRMAK ............................................................... 121

Fıstık Soslu Dana Haşlama ............................................... 122

    İÇİNDEKİLER ................................................................ 122

    DETAYLI BİLGİ ............................................................. 122

    KANDIRMAK ............................................................... 123

KIZARTMA DOMUZU ...................................................... 124

    İÇİNDEKİLER ................................................................ 124

    DETAYLI BİLGİ ............................................................. 124

    KANDIRMAK ............................................................... 124

LAHANALI KAVRULMUŞ BOT .......................................... 125

    İÇİNDEKİLER ................................................................ 125

    DETAYLI BİLGİ ............................................................. 125

    KANDIRMAK ............................................................... 125

- TAVŞAN CACCIATORE .................................................................. 126
  - İÇİNDEKİLER .......................................................................... 126
  - DETAYLI BİLGİ ........................................................................ 126
  - KANDIRMAK ........................................................................... 127
- LA MADRILEÑA'DA DANA ESKALOP ........................................... 128
  - İÇİNDEKİLER .......................................................................... 128
  - DETAYLI BİLGİ ........................................................................ 128
  - KANDIRMAK ........................................................................... 128
- MANTARLI TAVŞAN PİŞMİŞİ ....................................................... 129
  - İÇİNDEKİLER .......................................................................... 129
  - DETAYLI BİLGİ ........................................................................ 129
  - KANDIRMAK ........................................................................... 130
- BEYAZ ŞARAP VE BAL İLE İBER DOMUZ KABUĞU ..................... 131
  - İÇİNDEKİLER .......................................................................... 131
  - DETAYLI BİLGİ ........................................................................ 131
  - KANDIRMAK ........................................................................... 132
- ARMUT ÇİKOLATALI BİBERLİ ...................................................... 133
  - İÇİNDEKİLER .......................................................................... 133
  - DETAYLI BİLGİ ........................................................................ 133
  - KANDIRMAK ........................................................................... 133
- ÜÇ ÇİKOLATALI BİSKÜVİLİ KEK ................................................... 134
  - İÇİNDEKİLER .......................................................................... 134
  - DETAYLI BİLGİ ........................................................................ 134
  - KANDIRMAK ........................................................................... 134
- İSVİÇRE BEZE ............................................................................. 136
  - İÇİNDEKİLER .......................................................................... 136

DETAYLI BİLGİ ................................................................ 136

KANDIRMAK .................................................................. 136

MUZLU FINDIKLI KREP ........................................................ 137

    İÇİNDEKİLER ................................................................ 137

    DETAYLI BİLGİ ............................................................. 137

    KANDIRMAK ............................................................... 138

ÇİKOLATA TABANLI LİMONLU TART ........................................... 139

    İÇİNDEKİLER ................................................................ 139

    DETAYLI BİLGİ ............................................................. 139

    KANDIRMAK ............................................................... 140

TİRAMİSU ..................................................................... 141

    İÇİNDEKİLER ................................................................ 141

    DETAYLI BİLGİ ............................................................. 141

    KANDIRMAK ............................................................... 142

INTXAURSALSA (CEVİZ KREMASI) ............................................. 143

    İÇİNDEKİLER ................................................................ 143

    DETAYLI BİLGİ ............................................................. 143

    KANDIRMAK ............................................................... 143

ARA SÜT ...................................................................... 144

    İÇİNDEKİLER ................................................................ 144

    DETAYLI BİLGİ ............................................................. 144

    KANDIRMAK ............................................................... 144

KEDİ DİLLERİ ................................................................. 145

    İÇİNDEKİLER ................................................................ 145

    DETAYLI BİLGİ ............................................................. 145

    KANDIRMAK ............................................................... 145

- PORTAKAL KUPAK ..... 146
  - İÇİNDEKİLER ..... 146
  - DETAYLI BİLGİ ..... 146
  - KANDIRMAK ..... 146
- LİMAN KAVRULMUŞ ELMA ..... 147
  - İÇİNDEKİLER ..... 147
  - DETAYLI BİLGİ ..... 147
  - KANDIRMAK ..... 147
- PİŞMİŞ BEZE ..... 148
  - İÇİNDEKİLER ..... 148
  - DETAYLI BİLGİ ..... 148
  - KANDIRMAK ..... 148
- MUHALLEBİ ..... 149
  - İÇİNDEKİLER ..... 149
  - DETAYLI BİLGİ ..... 149
  - KANDIRMAK ..... 149
- MENEKŞE ŞEKERLİ PANNA COTTA ..... 149
  - İÇİNDEKİLER ..... 150
  - DETAYLI BİLGİ ..... 150
  - KANDIRMAK ..... 150
- narenciye bisküvi ..... 151
  - İÇİNDEKİLER ..... 151
  - DETAYLI BİLGİ ..... 151
  - KANDIRMAK ..... 152
- MANGO YAPILIŞI ..... 153
  - İÇİNDEKİLER ..... 153

DETAYLI BİLGİ ................................................................. 153

KANDIRMAK ..................................................................... 153

YOĞURTLU KEK ..................................................................... 154

    İÇİNDEKİLER ..................................................................... 154

    DETAYLI BİLGİ ................................................................. 154

    KANDIRMAK ..................................................................... 154

BİBERİYELİ muz kompostosu ................................................... 155

    İÇİNDEKİLER ..................................................................... 155

    DETAYLI BİLGİ ................................................................. 155

    KANDIRMAK ..................................................................... 155

CRÈME BRÛLÉE ..................................................................... 156

    İÇİNDEKİLER ..................................................................... 156

    DETAYLI BİLGİ ................................................................. 156

    KANDIRMAK ..................................................................... 156

KREMA DOLGULU İSVİÇRE KOLU ........................................... 157

    İÇİNDEKİLER ..................................................................... 157

    DETAYLI BİLGİ ................................................................. 157

    KANDIRMAK ..................................................................... 157

yumurtalı turta ..................................................................... 158

    İÇİNDEKİLER ..................................................................... 158

    DETAYLI BİLGİ ................................................................. 158

    KANDIRMAK ..................................................................... 158

ÇİLEKLİ CAVA JÖLESİ ........................................................... 159

    İÇİNDEKİLER ..................................................................... 159

    DETAYLI BİLGİ ................................................................. 159

    KANDIRMAK ..................................................................... 159

börek ............................................................................................... 160
   İÇİNDEKİLER ............................................................................. 160
   DETAYLI BİLGİ .......................................................................... 160
   KANDIRMAK ............................................................................. 160
SAN JUAN KOCA ........................................................................... 161
   İÇİNDEKİLER ............................................................................. 161
   DETAYLI BİLGİ .......................................................................... 161
BOLONEZ SOSU ............................................................................ 162
   İÇİNDEKİLER ............................................................................. 162
   DETAYLI BİLGİ .......................................................................... 162
   KANDIRMAK ............................................................................. 163
BEYAZ BROTH (TAVUK VEYA DANA ETİ) ................................... 164
   İÇİNDEKİLER ............................................................................. 164
   DETAYLI BİLGİ .......................................................................... 164
   KANDIRMAK ............................................................................. 164
KONKASSE DOMATES ................................................................. 166
   İÇİNDEKİLER ............................................................................. 166
   DETAYLI BİLGİ .......................................................................... 166
   KANDIRMAK ............................................................................. 166
ROBERT SOS ................................................................................. 167
   İÇİNDEKİLER ............................................................................. 167
   DETAYLI BİLGİ .......................................................................... 167
   KANDIRMAK ............................................................................. 167
PEMBE SOS .................................................................................. 168
   İÇİNDEKİLER ............................................................................. 168
   DETAYLI BİLGİ .......................................................................... 168

KANDIRMAK .................................................................. 168
BALIK STOĞU ...................................................................... 169
    İÇİNDEKİLER ................................................................. 169
    DETAYLI BİLGİ ............................................................... 169
    KANDIRMAK .................................................................. 169
ALMAN SOSU ...................................................................... 170
    İÇİNDEKİLER ................................................................. 170
    DETAYLI BİLGİ ............................................................... 170
    KANDIRMAK .................................................................. 170
CESUR SOSU ....................................................................... 171
    İÇİNDEKİLER ................................................................. 171
    DETAYLI BİLGİ ............................................................... 171
    KANDIRMAK .................................................................. 172
KOYU BROTH (TAVUK VEYA DANA ETİ) ............................. 173
    İÇİNDEKİLER ................................................................. 173
    DETAYLI BİLGİ ............................................................... 173
    KANDIRMAK .................................................................. 174
MOJO PİKON ...................................................................... 175
    İÇİNDEKİLER ................................................................. 175
    DETAYLI BİLGİ ............................................................... 175
    KANDIRMAK .................................................................. 175
PESTO SOS ......................................................................... 176
    İÇİNDEKİLER ................................................................. 176
    DETAYLI BİLGİ ............................................................... 176
    KANDIRMAK .................................................................. 176
TATLI VE EKŞİ SOS ............................................................. 177

- İÇİNDEKİLER .................................................. 177
- DETAYLI BİLGİ ............................................... 177
- KANDIRMAK .................................................. 177
- YEŞİL MOJİTO ................................................ 178
  - İÇİNDEKİLER .............................................. 178
  - DETAYLI BİLGİ ........................................... 178
  - KANDIRMAK .............................................. 178
- beşamel sos ................................................... 179
  - İÇİNDEKİLER .............................................. 179
  - DETAYLI BİLGİ ........................................... 179
  - KANDIRMAK .............................................. 179
- AVCI SOSU .................................................... 180
  - İÇİNDEKİLER .............................................. 180
  - DETAYLI BİLGİ ........................................... 180
  - KANDIRMAK .............................................. 180
- AIOLI SOS ..................................................... 181
  - İÇİNDEKİLER .............................................. 181
  - DETAYLI BİLGİ ........................................... 181
  - KANDIRMAK .............................................. 181
- AMERİKAN SOS .............................................. 182
  - İÇİNDEKİLER .............................................. 182
  - DETAYLI BİLGİ ........................................... 182
  - KANDIRMAK .............................................. 183
- AURORA SOS ................................................. 184
  - İÇİNDEKİLER .............................................. 184
  - DETAYLI BİLGİ ........................................... 184

KANDIRMAK .................................................................... 184
BARBEKÜ SOSU ............................................................... 185
   İÇİNDEKİLER ................................................................ 185
   DETAYLI BİLGİ ............................................................... 185
   KANDIRMAK ................................................................. 186
BEYAZ SOS ....................................................................... 187
   İÇİNDEKİLER ................................................................ 187
   DETAYLI BİLGİ ............................................................... 187
   KANDIRMAK ................................................................. 187
KARBONARA SOSU ........................................................ 188
   İÇİNDEKİLER ................................................................ 188
   DETAYLI BİLGİ ............................................................... 188
   KANDIRMAK ................................................................. 188
LEZZETLİ SOS .................................................................. 189
   İÇİNDEKİLER ................................................................ 189
   DETAYLI BİLGİ ............................................................... 189
   KANDIRMAK ................................................................. 189
CUMBERLAND SOS ........................................................ 190
   İÇİNDEKİLER ................................................................ 190
   DETAYLI BİLGİ ............................................................... 190
   KANDIRMAK ................................................................. 191
KÖRİ SOSU ....................................................................... 192
   İÇİNDEKİLER ................................................................ 192
   DETAYLI BİLGİ ............................................................... 192
   KANDIRMAK ................................................................. 193
SARIMSAKLI SOS ............................................................ 194

- İÇİNDEKİLER .................................................................. 194
- DETAYLI BİLGİ ................................................................ 194
- KANDIRMAK ................................................................... 194
- Böğürtlen Sosu ................................................................. 195
  - İÇİNDEKİLER .................................................................. 195
  - DETAYLI BİLGİ ................................................................ 195
  - KANDIRMAK ................................................................... 195
- ELMA SOSU ..................................................................... 196
  - İÇİNDEKİLER .................................................................. 196
  - DETAYLI BİLGİ ................................................................ 196
  - KANDIRMAK ................................................................... 196
- KETÇAP ........................................................................... 197
  - İÇİNDEKİLER .................................................................. 197
  - DETAYLI BİLGİ ................................................................ 197
  - KANDIRMAK ................................................................... 197
- PEDRO XIMENEZ ŞARAP SOS ............................................. 199
  - İÇİNDEKİLER .................................................................. 199
  - DETAYLI BİLGİ ................................................................ 199
  - KANDIRMAK ................................................................... 199
- KREMA SOSU ................................................................... 200
  - İÇİNDEKİLER .................................................................. 200
  - DETAYLI BİLGİ ................................................................ 200
  - KANDIRMAK ................................................................... 200
- MAYONEZ SOS ................................................................. 201
  - İÇİNDEKİLER .................................................................. 201
  - DETAYLI BİLGİ ................................................................ 201

KANDIRMAK ............................................................................................. 201
YOĞURT VE DILLE SOSU .......................................................................... 202
    İÇİNDEKİLER ....................................................................................... 202
    DETAYLI BİLGİ .................................................................................... 202
    KANDIRMAK ....................................................................................... 202
ŞEYTAN SOSU ........................................................................................... 203
    İÇİNDEKİLER ....................................................................................... 203
    DETAYLI BİLGİ .................................................................................... 203
    KANDIRMAK ....................................................................................... 203
İSPANYOL SOSU ....................................................................................... 204
    İÇİNDEKİLER ....................................................................................... 204
    DETAYLI BİLGİ .................................................................................... 204
    KANDIRMAK ....................................................................................... 204
HOLLANDA SOSU ..................................................................................... 205
    İÇİNDEKİLER ....................................................................................... 205
    DETAYLI BİLGİ .................................................................................... 205
    KANDIRMAK ....................................................................................... 205
İTALYAN SOSU .......................................................................................... 206
    İÇİNDEKİLER ....................................................................................... 206
    DETAYLI BİLGİ .................................................................................... 206
    KANDIRMAK ....................................................................................... 207
MUSSELİN SOS .......................................................................................... 208
    İÇİNDEKİLER ....................................................................................... 208
    DETAYLI BİLGİ .................................................................................... 208
    KANDIRMAK ....................................................................................... 208
REMOULADE SOS ..................................................................................... 209

- İÇİNDEKİLER .................................................. 209
- DETAYLI BİLGİ ............................................... 209
- KANDIRMAK .................................................. 209

## BİZKAİN SOS ................................................. 210
- İÇİNDEKİLER .................................................. 210
- DETAYLI BİLGİ ............................................... 210
- KANDIRMAK .................................................. 210

## MÜREKKEP SOSU .......................................... 211
- İÇİNDEKİLER .................................................. 211
- DETAYLI BİLGİ ............................................... 211
- KANDIRMAK .................................................. 211

## SABAH SOSU ................................................ 212
- İÇİNDEKİLER .................................................. 212
- DETAYLI BİLGİ ............................................... 212
- KANDIRMAK .................................................. 212

## ROMESCO SOS ............................................. 213
- İÇİNDEKİLER .................................................. 213
- DETAYLI BİLGİ ............................................... 213
- KANDIRMAK .................................................. 214

## SOUBİS SOS ................................................. 215
- İÇİNDEKİLER .................................................. 215
- DETAYLI BİLGİ ............................................... 215
- KANDIRMAK .................................................. 215

## TARTAR SOSU .............................................. 216
- İÇİNDEKİLER .................................................. 216
- DETAYLI BİLGİ ............................................... 216

- KANDIRMAK .................................................................. 216
- ŞEKERLEME SOS ............................................................ 217
  - İÇİNDEKİLER .............................................................. 217
  - DETAYLI BİLGİ ........................................................... 217
  - KANDIRMAK .............................................................. 217
- SEBZE ÇORBASI ............................................................. 218
  - İÇİNDEKİLER .............................................................. 218
  - DETAYLI BİLGİ ........................................................... 218
  - KANDIRMAK .............................................................. 218

# COD AJOARRIERO

## İÇİNDEKİLER

400 gr pul pul tuzsuz morina balığı

2 yemek kaşığı sulu chorizo biber

2 yemek kaşığı domates sosu

1 yeşil biber

1 kırmızı dolmalık biber

1 diş sarımsak

1 soğan

1 acı biber

Zeytin yağı

Tuz

## DETAYLI BİLGİ

Sebzeleri juliana'da kesin ve çok yumuşak olana kadar orta kısık ateşte soteleyin. Tuza.

Chorizo biberinin yemek kaşığı, domates sosu ve kırmızı biber ekleyin. Ufalanmış morina ekleyin ve 2 dakika pişirin.

## KANDIRMAK

Lezzetli bir empanada hazırlamak için mükemmel bir dolgudur.

# SHERRY BUHARLANMIŞ BARIŞLAR

İÇİNDEKİLER

750 gr midye

600 ml Jerez şarabı

1 defne yaprağı

1 diş sarımsak

1 limon

2 yemek kaşığı zeytinyağı

Tuz

DETAYLI BİLGİ

Kabukları temizle.

Tavaya 2 yemek kaşığı sıvı yağı alıp ince kıyılmış sarımsağı kavurun.

Aniden midye, şarap, defne yaprağı, limon ve tuzu ekleyin. Kapakları açılıncaya kadar pişirin.

Midyeleri sosuyla birlikte servis edin.

KANDIRMAK

Tasfiye, olası kum ve yabancı maddeleri dışarı atmak için çift kabukluları bol miktarda tuz içeren soğuk suya batırmak anlamına gelir.

# TÜM I PEBRESİ PRAWNS İLE MAYŞUNBALIKLARI

İÇİNDEKİLER

## Balık stoğu için

15 karides kafası ve gövdesi

Maymun balığı veya beyaz balığın 1 baş veya 2 kuyruk dikeni

Ketçap

1 taze soğan

1 pırasa

Tuz

## güveç için

1 büyük maymunbalığı kuyruğu (veya 2 küçük)

Karides gövdeleri

1 yemek kaşığı tatlı kırmızı biber

8 diş sarımsak

4 büyük patates

3 dilim ekmek

1 kırmızı biber

kabuksuz badem

Zeytin yağı

Tuz ve biber

DETAYLI BİLGİ

## Balık stoğu için

Karideslerin gövdelerini ve domates sosunu soteleyerek balık suyu yapın. Maymun balığı dikenlerini veya kafasını ve jülyen şeritler halinde kesilmiş sebzeleri ekleyin. Su ile örtün ve 20 dakika pişirin, süzün ve tuzlayın.

## güveç için

Doğranmamış sarımsağı bir tavada kavurun. Geri çekil ve rezerve et. Bademleri aynı yağda soteleyin. Geri çekil ve rezerve et.

Ekmeği aynı yağda kızartın. Geri çekilmek.

Sarımsakları, bir avuç dolusu bütün ve soyulmamış bademi, ekmek dilimlerini ve acı biberi havanda dövün.

Sarımsakları kızartmak için kullanılan yağda kırmızı biberleri yakmamaya dikkat ederek hafifçe soteleyin ve et suyuna ekleyin.

Cachelada patateslerini ekleyin ve yumuşayana kadar pişirin. Biberli maymunbalığını ekleyin ve 3 dakika pişirin. Majado ve karidesleri ekleyin ve sos koyulaşana kadar 2 dakika daha pişirin. Tuzla tatlandırın ve sıcak servis yapın.

KANDIRMAK

Sadece patatesleri kaplamak için gerekli olan stoğu kullanın. Bu tarif için en yaygın kullanılan balık yılan balığıdır, ancak köpek balığı veya konger yılan balığı gibi herhangi bir etli balıkla yapılabilir.

# KAVRULMUŞ ÇİPARAN

İÇİNDEKİLER

1 çipura temiz, içi boşaltılmış ve kireçten arındırılmış

25g galeta unu

2 diş sarımsak

1 acı biber

Sirke

Zeytin yağı

Tuz

DETAYLI BİLGİ

Çipuranın içini ve dışını tuzlayıp yağlayın. Üzerine galeta ununu serpip 180 derecede 25 dk pişirin.

Bu sırada dilimlenmiş sarımsak ve kırmızı biberi orta ateşte soteleyin. Ocaktan biraz sirke dökün ve çipurayı bu sosla kaplayın.

KANDIRMAK

Keskileme, daha hızlı pişmesi için balığın eni boyunca kesiler yapmaktır.

# LA MARINERA'DA İSTİDRALAR

İÇİNDEKİLER

1 kg istiridye

1 küçük bardak beyaz şarap

1 yemek kaşığı un

2 diş sarımsak

1 küçük domates

1 soğan

½ acı biber

Boyama veya safran (isteğe bağlı)

Zeytin yağı

Tuz

DETAYLI BİLGİ

Herhangi bir toprak izini çıkarmak için istiridyeleri birkaç saat bol tuzlu soğuk suya batırın.

İstiridyeleri temizledikten sonra şarapta ve ¼ litre suda pişirin. Açılır açılmaz, sıvıyı çıkarın ve ayırın.

Soğanı, sarımsağı ve domatesi küçük küçük doğrayıp az yağda kavurun. Biber ekleyin ve her şey iyice pişene kadar pişirin.

Bir yemek kaşığı un ekleyin ve 2 dakika daha pişirin. İstiridyelerin pişirilmesinden elde edilen suyla yıkanın. 10 dakika pişirin ve tuzlayın. İstiridye ekleyin ve bir dakika daha pişirin. Şimdi gıda boyası veya safran ekleyin.

## KANDIRMAK

Beyaz şarap, tatlı bir şarapla değiştirilebilir. Sos çok iyi.

# PİLPİLLİ KOD

İÇİNDEKİLER

4 veya 5 tuzu alınmış morina filetosu

4 diş sarımsak

1 acı biber

½ lt zeytinyağı

DETAYLI BİLGİ

Sarımsağı ve biberi zeytinyağında kısık ateşte kavurun. Bunları çıkarın ve yağın biraz soğumasını bekleyin.

Morina filetolarını derileri yukarı gelecek şekilde ekleyin ve 1 dakika kısık ateşte pişirin. Arkanı dön ve 3 dakika daha bırak. Kızartması değil yağda pişmesi önemli.

Morina balığını çıkarın, sadece morinanın saldığı beyaz madde (jelatin) kalana kadar yağı kademeli olarak boşaltın.

Ocaktan alıp bir süzgeç yardımıyla bir çırpma teli ile veya kendi dairesel hareketlerinizle yavaş yavaş dökülen yağı ekleyerek çırpın. Pilili sürekli karıştırarak 10 dakika çırpın.

Tamamlandığında, morina geri koyun ve bir dakika daha karıştırın.

KANDIRMAK

Farklı bir dokunuş vermek için, morina balığının pişirileceği yağa bir jambon kemiği veya bazı aromatik otlar ekleyin.

# VİSKİLİ TAVUK DAVULLARI

İÇİNDEKİLER

12 adet tavuk budu

200 ml krema

150ml viski

100ml tavuk suyu

3 yumurta sarısı

1 taze soğan

Un

Zeytin yağı

Tuz ve biber

DETAYLI BİLGİ

Tavuk butlarını baharatlayın, unlayın ve kızartın. Geri çekil ve rezerve et.

İnce kıyılmış taze soğanı aynı yağda 5 dk soteleyin. Viski ve flambeyi ekleyin (davlumbaz kapalı olmalıdır). Kremayı ve suyu dökün. Tavuğu tekrar ekleyin ve 20 dakika kısık ateşte pişirin.

Ateşten alın, yumurta sarısını ekleyin ve sosun hafifçe koyulaşması için dikkatlice karıştırın. Gerekirse tuz ve karabiber ekleyin.

## KANDIRMAK

Viski, en çok sevdiğimiz alkollü içecekle değiştirilebilir.

# KIZARMIŞ ÖRDEK

İÇİNDEKİLER

1 temiz ördek

1 litre tavuk suyu

4 dl soya sosu

3 yemek kaşığı bal

2 diş sarımsak

1 küçük soğan

1 kırmızı biber

taze zencefil

Zeytin yağı

Tuz ve biber

DETAYLI BİLGİ

Bir kapta tavuk suyu, soya fasulyesi, rendelenmiş sarımsak, ince kıyılmış acı biber ve soğan, bal, bir parça rendelenmiş zencefil ve karabiberi karıştırın. Ördeği bu karışımda 1 saat marine edin.

Maserasyondan çıkarın ve maserasyon sıvısının yarısı ile bir fırın tepsisine yerleştirin. 200 ºC'de her iki tarafını 10 dakika ızgara yapın. Bir fırça ile sürekli ıslatın.

Fırını 180 ºC'ye indirin ve her iki tarafını 18 dakika daha pişirin (5 dakikada bir fırça ile boyamaya devam edin).

Ördeği çıkarın ve ayırın ve orta ateşte bir tencerede sosu yarı yarıya azaltın.

## KANDIRMAK

Kuşları başlangıçta göğüsleri aşağıda olacak şekilde pişirin, bu onları daha az kuru ve sulu yapacaktır.

# VİLLAROY TAVUK GÖĞSÜ

İÇİNDEKİLER

1 kilo tavuk göğsü

2 havuç

2 kereviz sapı

1 soğan

1 pırasa

1 şalgam

Un, yumurta ve galeta unu (kaplamak için)

## Beşamel için

1 litre süt

100 gr tereyağı

100 gr un

öğütülmüş hindistan cevizi

Tuz ve biber

DETAYLI BİLGİ

Tüm temiz sebzeleri 2 lt suda (soğuktan) 45 dakika pişirin.

Bu arada unu tereyağında orta-kısık ateşte 5 dakika soteleyerek beşamel sos yapın. Ardından sütü ekleyip karıştırın. Tatlandırın ve hindistancevizi ekleyin. Kısık ateşte 10 dk çırpmayı bırakmadan pişirin.

Et suyunu süzün ve göğüs etlerini (bütün veya fileto) içinde 15 dakika pişirin. Çıkarın ve soğumaya bırakın. Göğsü beşamel sosla iyice soslayın ve buzdolabında saklayın. Soğuduktan sonra önce una, sonra yumurtaya ve son olarak galeta ununa bulayın. Bol yağda kızartıp sıcak servis yapın.

## KANDIRMAK

Enfes bir krema yapmak için et suyundan ve ezilmiş sebzelerden yararlanabilirsiniz.

# HARDAL VE LİMON SOSLU TAVUK GÖĞESİ

İÇİNDEKİLER

4 tavuk göğsü

250 ml krema

3 yemek kaşığı brendi

3 yemek kaşığı hardal

1 yemek kaşığı un

2 diş sarımsak

1 limon

½ taze soğan

Zeytin yağı

Tuz ve biber

DETAYLI BİLGİ

Normal parçalar halinde kesilmiş göğüsleri baharatlayın ve biraz yağ ile kızartın. rezerve.

Sarımsağı ve ince kıyılmış sarımsağı aynı yağda soteleyin. Unu ekleyin ve 1 dakika pişirin. Brendiyi buharlaşana kadar ekleyin ve kremayı, 3 yemek kaşığı limon suyunu ve kabuğunu, hardalı ve tuzu ekleyin. Sosu 5 dakika pişirin.

Tavuğu tekrar ekleyin ve 5 dakika daha kısık ateşte pişirin.

## KANDIRMAK

Limonu suyunu çıkarmadan önce rendeleyin. Paradan tasarruf etmek için göğüs yerine doğranmış tavukla da yapılabilir.

# ERİKLİ MANTARLI KAVURULMUŞ GAÜNET

İÇİNDEKİLER

1 beç tavuğu

250 gr mantar

200 ml bağlantı noktası

¼ litre tavuk suyu

15 adet çekirdeksiz erik

1 diş sarımsak

1 çay kaşığı un

Zeytin yağı

Tuz ve biber

DETAYLI BİLGİ

Tuz, karabiber ve beç tavuğu eriklerle birlikte 175 ºC'de 40 dakika kızartın. Pişirmenin yarısında ters çevirin. Süre dolduğunda, meyve sularını çıkarın ve saklayın.

2 yemek kaşığı sıvı yağ ve unu bir sos tavasında 1 dakika kavurun. Şarapla yıkanın ve yarı yarıya azalmasına izin verin. Kızartmanın suyuyla ve et suyuyla ıslatın. Karıştırmayı bırakmadan 5 dakika pişirin.

Ayrı bir yerde mantarları biraz kıyılmış sarımsakla soteleyin, sosa ekleyin ve kaynatın. Beç tavuğu sosu ile servis edin.

## KANDIRMAK

Özel günler için beç tavuğunun içini elma, kaz, kıyma, kuruyemiş ile doldurabilirsiniz.

 AVES

# MODENA SİRKESİ İLE KARAMELİZE PİKULLO İLE DOLDURULMUŞ VİLLAROY TAVUK GÖĞSÜ

## İÇİNDEKİLER

4 adet tavuk göğsü fileto

100 gr tereyağı

100 gr un

1 litre süt

1 kutu piquillo biber

1 su bardağı modena sirkesi

½ su bardağı şeker

küçük hindistan cevizi

Yumurta ve galeta unu (kaplamak için)

Zeytin yağı

Tuz ve biber

## DETAYLI BİLGİ

Tereyağı ve unu 10 dk kısık ateşte kavurun. Ardından sütü dökün ve sürekli karıştırarak 20 dakika pişirin. Mevsim ve hindistan cevizi ekleyin. Soğumaya bırakın.

Bu sırada biberleri sirke ve şekerle sirke koyulaşmaya başlayana kadar (yeni başlıyor) karamelize edin.

Filetoları tuz ve karabiberle tatlandırın ve piquillo biberi ile doldurun. Göğüsleri çok sert şekerlermiş gibi şeffaf filme sarın, kapatın ve 15 dakika suda pişirin.

Pişirdikten sonra her tarafını beşamel ile soslayın ve çırpılmış yumurta ve galeta ununa bulayın. Bol yağda kızartın.


KANDIRMAK

Beşamel için un kavrulurken bir iki yemek kaşığı köri eklenirse sonuç farklı ve çok zengin oluyor.

# PASTIRMA, MANTAR VE PEYNİR İLE DOLDURULMUŞ TAVUK GÖĞSÜ

İÇİNDEKİLER

4 adet tavuk göğsü fileto

100 gr mantar

4 dilim füme domuz pastırması

2 yemek kaşığı hardal

6 yemek kaşığı krema

1 soğan

1 diş sarımsak

dilimlenmiş peynir

Zeytin yağı

Tuz ve biber

DETAYLI BİLGİ

Tavuk filetolarını baharatlayın. Mantarları temizleyip dörde bölün.

Pastırmayı kahverengileştirin ve doğranmış mantarları sarımsakla yüksek ateşte soteleyin.

Filetoları pastırma, peynir ve mantarla doldurun ve şeker gibi şeffaf filmle mükemmel şekilde kapatın. 10 dk kaynar suda haşlayın. Filmi ve filetoyu çıkarın.

Diğer yandan küçük küçük doğranmış soğanı haşlayın, krema ve hardalı ekleyin, 2 dakika pişirin ve karıştırın. Tavukların üzerine soteleyin

## KANDIRMAK

Şeffaf film, yüksek sıcaklıkları destekler ve yiyeceğe herhangi bir tat katmaz.

# ERİKLİ TATLI ŞARAP TAVUK

İÇİNDEKİLER

1 büyük tavuk

100 gr çekirdeksiz erik

½ lt tavuk suyu

½ şişe tatlı şarap

1 taze soğan

2 havuç

1 diş sarımsak

1 yemek kaşığı un

Zeytin yağı

Tuz ve biber

DETAYLI BİLGİ

Parçalara ayrılmış tavuğu baharatlayın ve çok kızgın bir tencerede sıvı yağ ile kızartın. Çıkar ve rezerve et.

Aynı yağda ince kıyılmış taze soğan, sarımsak ve havuçları soteleyin. Sebzeler iyice pişince unu ilave edin ve bir dakika daha pişirin.

Tatlı şarapla yıkanın ve neredeyse tamamen azalana kadar ısıyı yükseltin. Et suyunu ekleyin ve tekrar tavuk ve erikleri ekleyin.

Yaklaşık 15 dakika veya tavuk yumuşayana kadar pişirin. Tavuğu çıkarın ve sosu karıştırın. Tuz noktasına koyun.

## KANDIRMAK

Ezilmiş sosa biraz soğuk tereyağı ekleyip çırpma teli ile çırparsanız daha fazla kıvam ve parlaklık elde edersiniz.

# KAHU FINDIKLI TURUNCU TAVUK GÖĞSÜ

İÇİNDEKİLER

4 tavuk göğsü

75 gr kaju fıstığı

2 bardak doğal portakal suyu

4 yemek kaşığı bal

2 yemek kaşığı Cointreau

Un

Zeytin yağı

Tuz ve biber

DETAYLI BİLGİ

Göğüsleri baharatlayın ve unlayın. Bol yağda kızartın, çıkarın ve ayırın.

Portakal suyunu Cointreau ve bal ile 5 dakika pişirin. Göğüsleri sosa ekleyin ve 8 dakika kısık ateşte pişirin.

Üzerine sos ve kaju fıstığı ile servis yapın.

KANDIRMAK

İyi bir portakal sosu yapmanın bir başka yolu da, doğal portakal suyunun eklendiği çok koyu olmayan karamellerle başlamaktır.

# KEKLİK TURŞUSU

İÇİNDEKİLER

4 keklik

300 gr soğan

200 gr havuç

2 bardak beyaz şarap

1 baş sarımsak

1 defne yaprağı

1 bardak sirke

1 su bardağı sıvı yağ

Tuz ve 10 tane karabiber

DETAYLI BİLGİ

Keklikleri baharatlayın ve yüksek ateşte kızartın. Geri çekil ve rezerve et.

Aynı yağda jülyen doğranmış havuç ve soğanları kavurun. Sebzeler yumuşayınca şarap, sirke, karabiber, tuz, sarımsak ve defne yaprağını ekleyin. 10 dakika soteleyin.

Kekliği tekrar koyun ve 10 dakika daha kısık ateşte pişirin.

KANDIRMAK

Salamura et veya balıkların daha lezzetli olması için en az 24 saat dinlenmeleri daha iyidir.

# CACCIATORE TAVUK

İÇİNDEKİLER

1 doğranmış tavuk

50 gr dilimlenmiş mantar

½ lt tavuk suyu

1 bardak beyaz şarap

4 rendelenmiş domates

2 havuç

2 diş sarımsak

1 pırasa

½ soğan

1 buket aromatik bitki (kekik, biberiye, defne yaprağı…)

Zeytin yağı

Tuz ve biber

DETAYLI BİLGİ

Tavuğu baharatlayın ve çok sıcak bir tencerede bir çiseleyen yağ ile kızartın. Çıkar ve rezerve et.

Küçük küçük doğranmış havuç, sarımsak, pırasa ve soğanı aynı yağda soteleyin. Ardından rendelenmiş domatesi ekleyin. Domates suyunu çekene kadar soteleyin. Tavuğu geri koyun.

Ayrı bir yerde mantarları soteleyin ve güvece ekleyin. Bir bardak şarapla yıkanın ve azalmasına izin verin.

Et suyu ile nemlendirin ve aromatik bitkileri ekleyin. Tavuk yumuşayana kadar pişirin. Tuzu düzeltin.

KANDIRMAK

Bu yemek hindi ve hatta tavşanla da yapılabilir.

# COCA COLA TARZI TAVUK KANAT

İÇİNDEKİLER

1 kilo tavuk kanadı

½ litre Coca-Cola

4 yemek kaşığı esmer şeker

2 yemek kaşığı soya sosu

1 seviye yemek kaşığı kekik

½ limon

Tuz ve biber

DETAYLI BİLGİ

Coca-Cola, şeker, soya, kekik ve ½ limonun suyunu bir tencereye alıp 2 dakika pişirin.

Kanatları ikiye bölün ve baharatlayın. 160 derecede üzerleri hafif pembeleşinceye kadar pişirin. O sırada sosun yarısını ekleyin ve kanatları çevirin. Her 20 dakikada bir çevirin.

Sos neredeyse azaldığında diğer yarısını ekleyin ve sos koyulaşana kadar kavurmaya devam edin.

KANDIRMAK

Sos yapılırken içine bir tutam vanilya eklenmesi lezzeti artırır ve sosa ayrı bir tat verir.

# SARIMSAKLI TAVUK

İÇİNDEKİLER

1 doğranmış tavuk

8 diş sarımsak

1 bardak beyaz şarap

1 yemek kaşığı un

1 kırmızı biber

Sirke

Zeytin yağı

Tuz ve biber

DETAYLI BİLGİ

Tavuğu baharatlayın ve iyice kızartın. Ayırın ve yağın ısınmasına izin verin.

Sarımsakları küp şeklinde doğrayın ve sarımsağı ve kırmızı biberi renklendirmeden kavurun (yağda pişirin, kızartmayın).

Şarapla yıkanın ve belli bir kalınlığa gelene, ancak kuruyana kadar azalmasına izin verin.

Ardından tavuğu ve azar azar bir çay kaşığı unu üstüne ekleyin. Karıştırın (sarımsakların tavuğa yapışıp yapışmadığını kontrol edin; yapışmıyorsa hafifçe yapışana kadar biraz daha un ekleyin).

Örtün ve ara sıra karıştırın. 20 dakika kısık ateşte pişirin. Sirke serperek bitirin ve 1 dakika daha pişirin.

## KANDIRMAK

Kızartma tavuk önemlidir. Dışının altın rengi ve iç kısmının sulu kalması için çok yüksek ateşte olması gerekir.

# TAVUK AL ÇOCUK

İÇİNDEKİLER

1 küçük doğranmış tavuk

350 gr doğranmış Serrano jambonu

1 kutu 800 gr ezilmiş domates

1 büyük kırmızı dolmalık biber

1 büyük yeşil dolmalık biber

1 büyük soğan

2 diş sarımsak

Kekik

1 bardak beyaz veya kırmızı şarap

Şeker

Zeytin yağı

Tuz ve biber

DETAYLI BİLGİ

Tavuğu baharatlayın ve yüksek ateşte kızartın. Çıkar ve rezerve et.

Aynı yağda orta boy doğranmış biber, sarımsak ve soğanı kavurun. Sebzeler iyice kızardığında jambonu ekleyin ve 10 dakika daha kızartın.

Tavuğu geri koyun ve şarapla yıkayın. 5 dakika yüksek ateşte kaynamasını bekleyin ve domates ve kekiği ekleyin. Isıyı düşürün ve 30 dakika daha pişirin. Tuz ve şekeri düzeltin.

## KANDIRMAK

Aynı tarif köfte ile de yapılabilir. Plakada hiçbir şey kalmayacak!

# Bıldırcın Turşusu ve KIRMIZI MEYVE

İÇİNDEKİLER

4 bıldırcın

150 gr kırmızı meyve

1 bardak sirke

2 bardak beyaz şarap

1 havuç

1 pırasa

1 diş sarımsak

1 defne yaprağı

Un

1 su bardağı sıvı yağ

Tuz ve karabiber

DETAYLI BİLGİ

Bıldırcınları unlayın, baharatlayın ve bir tencerede kızartın. Çıkar ve rezerve et.

Aynı yağda çubuk şeklinde doğranmış havuç ve pırasayı ve dilimlenmiş sarımsağı soteleyin. Sebzeler yumuşayınca yağı, sirkeyi ve şarabı ekleyin.

Defne yaprağını ve biberi ekleyin. Tuzla tatlandırın ve kırmızı meyvelerle birlikte 10 dakika pişirin.

Bıldırcınları ekleyin ve yumuşayana kadar 10 dakika daha haşlayın. Isıdan kapalı olarak bekletin.

## KANDIRMAK

Bıldırcın eti ile birlikte bu marine harika bir sos ve iyi bir marul salatasına eşlik ediyor.

# LİMON TAVUK

## İÇİNDEKİLER

1 tavuk

30 gr şeker

25 gr tereyağı

1 litre tavuk suyu

1dl beyaz şarap

3 limonun suyu

1 soğan

1 pırasa

Zeytin yağı

Tuz ve biber

## DETAYLI BİLGİ

Tavuğu doğrayın ve baharatlayın. Yüksek ateşte kahverengileştirin ve çıkarın.

Soğanı soyun ve pırasayı temizleyin ve jülyen şeritler halinde kesin. Tavuğun yapıldığı yağda sebzeleri soteleyin. Şarapla yıkanın ve azalmasına izin verin.

Limon suyu, şeker ve et suyunu ekleyin. 5 dakika pişirin ve tavuğu tekrar içine koyun. 30 dakika daha kısık ateşte pişirin. Tuz ve karabiberi düzeltin.

## KANDIRMAK

Sosun daha ince olması ve sebze parçaları olmaması için ezilmesi daha iyidir.

# SERRANO HAM, TORTA DEL CASAR VE ARUCULA İLE SAN JACOBO TAVUK

İÇİNDEKİLER

8 ince tavuk fileto

150 gr düğün pastası

100g roket

4 dilim serrano jambonu

Un, yumurta ve tahıllar (kaplama için)

Zeytin yağı

Tuz ve biber

DETAYLI BİLGİ

Tavuk filetoları baharatlayın ve peynirle yayın. Birinin üzerine roka ve serrano jambonu koyun ve diğerini üstüne kapatacak şekilde yerleştirin. Geri kalanıyla aynı şeyi yapın.

Un, çırpılmış yumurta ve ezilmiş tahıllardan geçirin. Bol kızgın yağda 3 dk kızartılır.

KANDIRMAK

Ezilmiş patlamış mısırla, kikolarla ve hatta küçük solucanlarla kaplanabilir. Sonuç çok komik.

# FIRINDA KÖRİ TAVUK

İÇİNDEKİLER

4 adet tavuk but (kişi başı)

1 litre krema

1 frenk soğanı veya soğan

2 yemek kaşığı köri

4 doğal yoğurt

Tuz

DETAYLI BİLGİ

Soğanı küçük parçalar halinde kesin ve bir kapta yoğurt, krema ve köri ile karıştırın. Tuzlu sezon.

Tavukta birkaç parça kesin ve 24 saat yoğurt sosunda marine edin.

180 ºC'de 90 dakika kızartın, tavuğu çıkarın ve çırpılmış sos ile servis yapın.

KANDIRMAK

Artan sos varsa, lezzetli köfte yapmak için kullanılabilir.

# KIRMIZI ŞARAPTA TAVUK

İÇİNDEKİLER

1 doğranmış tavuk

½ litre kırmızı şarap

1 dal biberiye

1 dal kekik

2 diş sarımsak

2 pırasa

1 kırmızı dolmalık biber

1 havuç

1 soğan

Tavuk çorbası

Un

Zeytin yağı

Tuz ve biber

DETAYLI BİLGİ

Tavuğu baharatlayın ve çok sıcak bir güveçte kızartın. Çıkar ve rezerve et.

Sebzeleri küçük parçalar halinde kesin ve tavuğun kızartıldığı yağda kızartın.

Şarapla yıkayın, aromatik bitkileri ekleyin ve suyunu çekene kadar yaklaşık 10 dakika yüksek ateşte pişirin. Tavuğu tekrar ekleyin ve üzerini geçecek kadar et suyu ile ıslatın. 20 dakika daha veya et yumuşayana kadar pişirin.

KANDIRMAK

Parçacıksız daha ince bir sos istiyorsanız, sosu karıştırın ve süzün.

# SİYAH BİRA İLE KAVRULMUŞ TAVUK

İÇİNDEKİLER

4 tavuk but

750ml kalın

1 yemek kaşığı kimyon

1 dal kekik

1 dal biberiye

2 soğan

3 diş sarımsak

1 havuç

Tuz ve biber

DETAYLI BİLGİ

Soğan, havuç ve sarımsağı jülyen şeritler halinde kesin. Kekik ve biberiyeyi bir fırın tepsisinin altına koyun ve üzerine soğan, havuç ve sarımsağı koyun; ve sonra deri tarafı aşağı bakacak şekilde tavuk izmaritleri baharatlanır ve kimyon serpilir. 175 ºC'de yaklaşık 45 dakika kızartın.

30 dakika sonra birayla ıslatın, arkalarını çevirin ve 45 dakika daha pişirin. Tavuklar kızarınca tepsiden alın ve sosu karıştırın.

KANDIRMAK

2 adet dilimlenmiş elma rostoların ortasına eklenir ve kalan sosla birlikte püre haline getirilirse lezzeti daha da güzel olur.

# çikolatalı keklik

İÇİNDEKİLER

4 keklik

½ lt tavuk suyu

½ bardak kırmızı şarap

1 dal biberiye

1 dal kekik

1 taze soğan

1 havuç

1 diş sarımsak

1 rendelenmiş domates

Çikolata

Zeytin yağı

Tuz ve biber

DETAYLI BİLGİ

Keklikleri baharatlayın ve kızartın. rezerve.

İnce kıyılmış havuç, sarımsak ve taze soğanı aynı yağda orta ateşte soteleyin. Ateşi yükseltin ve domatesi ekleyin. Suyunu çekene kadar pişirin. Şarapla yıkanın ve neredeyse tamamen azalmasına izin verin.

Et suyunu ekleyin ve otları ekleyin. Kısık ateşte keklikler yumuşayana kadar pişirin. Tuzu düzeltin. Ateşten alın ve tatmak için çikolata ekleyin. Kaldırmak.

## KANDIRMAK

Yemeğe baharatlı bir hava vermek için acı biber, kıtır olmasını istiyorsanız kavrulmuş fındık veya badem ekleyebilirsiniz.

# KIRMIZI MEYVE SOSLU HİNDİ KAVRULMASI

İÇİNDEKİLER

4 hindi butu

250 gr kırmızı meyve

½ lt kava

1 dal kekik

1 dal biberiye

3 diş sarımsak

2 pırasa

1 havuç

Zeytin yağı

Tuz ve biber

DETAYLI BİLGİ

Pırasayı, havucu ve sarımsağı temizleyip jülyen doğrayın. Bu sebzeyi kekik, biberiye ve kırmızı meyvelerle birlikte fırın tepsisine alın.

Üzerine biraz yağ gezdirilmiş ve derili tarafı aşağı gelecek şekilde hindi çeyreklerini yerleştirin. 175 ºC'de 1 saat kızartın.

30 dakika sonra kava ile yıkanın. Eti ters çevirin ve 45 dakika daha ızgara yapın. Süre dolduğunda tepsiden çıkarın. Sosun tuzunu öğütün, süzün ve düzeltin.

## KANDIRMAK
But ve budu kolayca ayrıldığında hindi yapılacaktır.

# ŞEFTALİ SOSLU KAVURMUŞ TAVUK

İÇİNDEKİLER

4 tavuk but

½ litre beyaz şarap

1 dal kekik

1 dal biberiye

3 diş sarımsak

2 şeftali

2 soğan

1 havuç

Zeytin yağı

Tuz ve biber

DETAYLI BİLGİ

Soğan, havuç ve sarımsağı jülyen şeritler halinde kesin. Şeftalileri soyun, ikiye bölün ve çekirdeklerini çıkarın.

Kekik ve biberiyeyi havuç, soğan ve sarımsakla birlikte fırın tepsisinin dibine koyun. Biberli kalçaları üzerine bir çiseleyen yağ ile deri tarafı aşağı gelecek şekilde yerleştirin ve 175ºC'de yaklaşık 45 dakika kızartın.

30 dakika sonra beyaz şarapla yıkanıp ters çevrilir ve 45 dakika daha kavrulur. Tavuklar kızarınca tepsiden alın ve sosu karıştırın.

KANDIRMAK

Rostoya elma veya armut eklenebilir. Sosun tadı harika olacak.

# Ispanak ve mozarella ile doldurulmuş tavuk fileto

### İÇİNDEKİLER

8 ince tavuk fileto

200 gr taze ıspanak

150 gr mozzarella

8 fesleğen yaprağı

1 çay kaşığı öğütülmüş kimyon

Un, yumurta ve galeta unu (kaplamak için)

Zeytin yağı

Tuz ve biber

### DETAYLI BİLGİ

Göğüsleri her iki taraftan baharatlayın. Üzerine ıspanağı, parçalanmış peyniri ve kıyılmış fesleğeni koyun ve başka bir fileto ile üzerini kapatın. Un, çırpılmış yumurta ve galeta unu ve kimyon karışımından geçirin.

Her iki tarafta birkaç dakika kızartın ve emici kağıt üzerinde fazla yağı alın.

### KANDIRMAK

Mükemmel eşlik, iyi bir domates sosudur. Bu yemek hindi ve hatta taze bonfile ile yapılabilir.

# CAVA'DA KAVRULMUŞ TAVUK

İÇİNDEKİLER

4 tavuk but

1 şişe şampanya

1 dal kekik

1 dal biberiye

3 diş sarımsak

2 soğan

Zeytin yağı

Tuz ve biber

DETAYLI BİLGİ

Juliana'da soğanları ve sarımsakları kesin. Kekik ve biberiyeyi bir fırın tepsisinin tabanına koyun ve üzerine soğan ve sarımsağı, ardından biberli soğanı kabuklu tarafı aşağı gelecek şekilde yerleştirin. 175 ºC'de yaklaşık 45 dakika kızartın.

30 dakika sonra kava ile yıkayın, arkalarını çevirin ve 45 dakika daha pişirin. Tavuklar kızarınca tepsiden alın ve sosu karıştırın.

KANDIRMAK

Aynı tarifin bir başka değişkeni de lambrusco veya tatlı şarapla yapılması.

# Fıstık Soslu TAVUK ŞİŞ

İÇİNDEKİLER

600 gr tavuk göğsü

150 gr yer fıstığı

500 ml tavuk suyu

200 ml krema

3 yemek kaşığı soya sosu

3 yemek kaşığı bal

1 yemek kaşığı köri

1 kırmızı biber çok doğranmış

1 yemek kaşığı limon suyu

Zeytin yağı

Tuz ve biber

DETAYLI BİLGİ

Yer fıstığını macun kıvamına gelene kadar iyice ezin. Limon suyu, et suyu, soya, bal, köri, tuz ve karabiberle birlikte bir kapta karıştırın. Göğüsleri parçalara ayırın ve gece boyunca bu karışımda marine edin.

Tavukları çıkarıp şişlere dizin. Önceki karışımı krema ile birlikte 10 dakika kısık ateşte pişirin.

Şişleri orta ateşte bir tavada kızartın ve üzerine sos ile servis yapın.

KANDIRMAK

Tavuk butlarından yapılabilirler. Ama onları bir tavada kızartmak yerine, üzerine sos dökerek fırında kızartın.

# PEPITORIA'DA TAVUK

## İÇİNDEKİLER

1 ½ kilo tavuk

250 gr soğan

50 gr kavrulmuş badem

25 gr kızarmış ekmek

½ lt tavuk suyu

¼ l kaliteli şarap

2 diş sarımsak

2 defne yaprağı

2 haşlanmış yumurta

1 yemek kaşığı un

14 iplikçik safran

150 gr zeytinyağı

Tuz ve biber

## DETAYLI BİLGİ

Parçalara ayrılmış tavuğu doğrayın ve baharatlayın. Altın ve rezerv.

Soğanı ve sarımsağı küçük parçalar halinde kesin ve tavuğun yapıldığı yağda kızartın. Unu ekleyin ve 5 dakika kısık ateşte pişirin. Şarapla yıkanın ve azalmasına izin verin.

Et suyunu tuz noktasına ekleyin ve 15 dakika daha pişirin. Ardından ayırdığınız tavuğu defne yaprağıyla birlikte ekleyin ve tavuk yumuşayana kadar pişirin.

Ayrı bir yerde safranı kavurun ve kızarmış ekmek, badem ve yumurta sarısı ile birlikte harca ekleyin. Macun kıvamına gelene kadar çırpın ve tavuk yahnisine ekleyin. 5 dakika daha pişirin.

KANDIRMAK

Bu tarif için iyi bir pirinç pilavından daha iyi bir eşlik yoktur. Üzerine kıyılmış yumurta akı ve biraz ince kıyılmış maydanoz ile sunulabilir.

# TURUNCU TAVUK

İÇİNDEKİLER

1 tavuk

25 gr tereyağı

1 litre tavuk suyu

1 dl roze şarap

2 yemek kaşığı bal

1 dal kekik

2 havuç

2 portakal

2 pırasa

Zeytin yağı

Tuz ve biber

DETAYLI BİLGİ

Doğranmış tavuğu baharatlayın ve zeytinyağında yüksek ateşte kızartın. Geri çekil ve rezerve et.

Havuç ve pırasaları soyup temizleyin ve jülyen şeritler halinde kesin. Tavuğun kızardığı aynı yağda soteleyin. Şarapla yıkayın ve suyunu çekene kadar yüksek ateşte pişirin.

Portakal suyunu, balı ve suyu ekleyin. 5 dakika pişirin ve tavuk parçalarını tekrar ekleyin. 30 dakika kısık ateşte güveç. Soğuk tereyağını ekleyip tuz ve karabiberle tatlandırın.

## KANDIRMAK

İyi bir avuç kuruyemiş atlayabilir ve pişirmenin sonunda güveçte ekleyebilirsiniz.

# BOLETUSLU TAVUK Haşlama

İÇİNDEKİLER

1 tavuk

200 gr serrano jambonu

200 gr çörek

50 gr tereyağı

600 ml tavuk suyu

1 bardak beyaz şarap

1 dal kekik

1 diş sarımsak

1 havuç

1 soğan

1 domates

Zeytin yağı

Tuz ve biber

DETAYLI BİLGİ

Tavuğu doğrayın, baharatlayın ve tereyağı ve biraz sıvı yağda kızartın. Geri çekil ve rezerve et.

Aynı yağda, küçük parçalar halinde doğranmış soğan, havuç ve sarımsağı doğranmış jambonla birlikte kızartın. Ateşi yükseltin ve doğranmış çörekleri ekleyin. 2 dakika pişirin, rendelenmiş domatesi ekleyin ve suyunu tamamen çekene kadar pişirin.

Tavuk parçalarını tekrar ekleyin ve şarapla yıkayın. Sos neredeyse kuruyana kadar azaltın. Et suyu ile ıslatın ve kekik ekleyin. 25 dakika veya tavuk yumuşayana kadar pişirin. Tuzu düzeltin.

## KANDIRMAK

Mevsimlik mantarları veya kurutulmuş olanları kullanın.

# FINDIKLI VE SOYALI TAVUK SOTE

İÇİNDEKİLER

3 tavuk göğsü

70 gr kuru üzüm

30 gr badem

30 gr kaju fıstığı

30 gr ceviz

30 gr fındık

1 bardak tavuk suyu

3 yemek kaşığı soya sosu

2 diş sarımsak

1 kırmızı biber

1 limon

Zencefil

Zeytin yağı

Tuz ve biber

DETAYLI BİLGİ

Göğüsleri doğrayın, baharatlayın ve bir tavada yüksek ateşte kızartın. Geri çekil ve rezerve et.

Bu yağda fındıkları rendelenmiş sarımsak, rendelenmiş bir parça zencefil, acı biber ve limon kabuğu rendesi ile birlikte soteleyin.

Kuru üzümleri, ayrılmış göğüsleri ve soya fasulyelerini ekleyin. 1 dakika azaltın ve et suyu ile yıkayın. Orta ateşte 6 dakika daha pişirin ve gerekirse tuz ekleyin.

## KANDIRMAK

Neredeyse tamamen soya fasulyesinden sağlandığı için tuz kullanmak pratikte gerekli olmayacaktır.

# KIZARTILMIŞ ALMEDRASLI ÇİKOLATALI TAVUK

### İÇİNDEKİLER

1 tavuk

60 gr rendelenmiş bitter çikolata

1 bardak kırmızı şarap

1 dal kekik

1 dal biberiye

1 defne yaprağı

2 havuç

2 diş sarımsak

1 soğan

Tavuk suyu (veya su)

Kavrulmuş badem

Sızma zeytinyağı

Tuz ve biber

### DETAYLI BİLGİ

Tavuğu doğrayın, baharatlayın ve çok sıcak bir tencerede kızartın. Geri çekil ve rezerve et.

Aynı yağda, küçük parçalar halinde doğranmış soğan, havuç ve diş sarımsağı kısık ateşte kızartın.

Defne yaprağını ve kekik ve biberiye dallarını ekleyin. Şarabı ve et suyunu dökün ve 40 dakika kısık ateşte pişirin. Tuzu düzeltin ve tavuğu çıkarın.

Sosu blenderdan geçirip tekrar tencereye alın. Tavuk ve çikolatayı ekleyip çikolata eriyene kadar karıştırın. Tatların karışması için 5 dakika daha pişirin.

KANDIRMAK

Üstüne kızarmış badem ile bitirin. Kırmızı biber veya kırmızı biber eklerseniz, ona baharatlı bir dokunuş verir.

# KIRMIZI BİBERLİ HARDAL SOSLU KUZU ŞİŞ

## İÇİNDEKİLER

350 gr kuzu

2 yemek kaşığı sirke

1 seviye yemek kaşığı kırmızı biber

1 seviye yemek kaşığı hardal

1 seviye yemek kaşığı şeker

1 tepsi çeri domates

1 yeşil biber

1 kırmızı dolmalık biber

1 küçük taze soğan

1 soğan

5 yemek kaşığı zeytinyağı

Tuz ve biber

## DETAYLI BİLGİ

Taze soğan hariç sebzeleri temizleyip orta kareler halinde kesin. Kuzu aynı büyüklükte küpler halinde kesin. Bir parça et ve bir parça sebze koyarak şişleri birleştirin. Mevsim. Çok sıcak bir tavada biraz yağ ile her iki tarafını 1 veya 2 dakika kızartın.

Ayrı bir kapta küçük parçalar halinde doğranmış hardal, kırmızı biber, şeker, yağ, sirke ve frenk soğanı birleştirin. Tuzla tatlandırın ve emülsifiye edin.

Taze yapılmış şişleri biraz kırmızı biber sosuyla servis edin.

## KANDIRMAK

Salata sosuna 1 yemek kaşığı köri ve biraz limon kabuğu rendesi de ekleyebilirsiniz.

# LİMANLI DOLMA DANA YÜZGESİ

İÇİNDEKİLER

1 kg dana yüzgeci (doldurmak için kitapta açın)

350 gr kıyma

1 kilo havuç

1 kg soğan

100 gr çam fıstığı

1 küçük kutu piquillo biber

1 kutu siyah zeytin

1 paket pastırma

1 baş sarımsak

2 defne yaprağı

Porto şarabı

Et suyu

Zeytin yağı

Tuz ve karabiber

DETAYLI BİLGİ

Yüzgeci her iki taraftan baharatlayın. Domuz eti, çam fıstığı, doğranmış biber, dörde bölünmüş zeytin ve şeritler halinde kesilmiş pastırma ile doldurun. Toplayın ve bir ağa koyun veya dizgin ipliği ile bağlayın. Çok yüksek ateşte kahverengileştirin, çıkarın ve ayırın.

Havuç, soğan ve sarımsağı brunoise'de doğrayın ve dana etinin kızartıldığı yağda kızartın. Yüzgeci tekrar takın. Her şey kaplanana kadar bir miktar liman ve et suyu ile yıkayın. 8 tane karabiber ve defne yaprağını ekleyin. 40 dakika kısık ateşte kapağı kapalı olarak pişirin. Her 10 dakikada bir çevirin. Et yumuşayınca sosu çıkarın ve karıştırın.

KANDIRMAK

Liman, başka herhangi bir şarap veya şampanya ile değiştirilebilir.

# MADRİLEYA KÖFTE

İÇİNDEKİLER

1 kg kıyma

500 gr kıyma

500 gr olgun domates

150 gr soğan

100 gr mantar

1 lt et suyu (veya su)

2 dl beyaz şarap

2 yemek kaşığı taze maydanoz

2 yemek kaşığı galeta unu

1 yemek kaşığı un

3 diş sarımsak

2 havuç

1 defne yaprağı

1 yumurta

Şeker

Zeytin yağı

Tuz ve biber

## DETAYLI BİLGİ

İki eti kıyılmış maydanoz, 2 diş doğranmış sarımsak, galeta unu, yumurta, tuz ve karabiberle karıştırın. Topları yapın ve bir güveçte kızartın. Çıkar ve rezerve et.

Aynı yağda soğanı diğer sarımsakla birlikte kavurun, unu ilave edip soteleyin. Domatesleri ekleyin ve 5 dakika daha haşlayın. Şarapla yıkayın ve 10 dakika daha pişirin. Et suyunu ekleyin ve 5 dakika daha pişirmeye devam edin. Tuz ve şekeri ezin ve rektifiye edin. Köfteleri defne yaprağı ile birlikte sosta 10 dakika pişirin.

Havuçları ve mantarları ayrı ayrı temizleyin, soyun ve doğrayın. Biraz sıvı yağ ile 2 dakika kadar soteleyin ve köfte harcına ekleyin.

## KANDIRMAK

Köfte karışımını daha lezzetli hale getirmek için 150 gr kıyılmış taze İberya pastırması ekleyin. Topları yaparken çok bastırmamak daha sulu olması için tercih edilir.

# ÇİKOLATALI DANA YANAĞI

İÇİNDEKİLER

8 dana yanağı

½ litre kırmızı şarap

6 ons çikolata

2 diş sarımsak

2 domates

2 pırasa

1 sap kereviz

1 havuç

1 soğan

1 dal biberiye

1 dal kekik

Un

Et suyu (veya su)

Zeytin yağı

Tuz ve biber

DETAYLI BİLGİ

Yanakları çok sıcak bir tencerede baharatlayın ve kızartın. Çıkar ve rezerve et.

Sebzeleri brunoise doğrayıp aynı tencerede yanakların kızartıldığı yerde soteleyin.

Sebzeler yumuşayınca rendelenmiş domatesleri ekleyin ve suyunu tamamen çekene kadar pişirin. Şarabı, aromatik bitkileri ekleyin ve 5 dakika azaltın. Yanakları ve et suyunu üzerini geçecek kadar ekleyin.

Yanaklar yumuşayana kadar pişirin, çikolatayı ekleyin, karıştırın ve tuz ve karabiber ekleyin.

KANDIRMAK

Sos parçalanabilir veya bütün sebze parçalarıyla birlikte bırakılabilir.

# TATLI ŞARAP SOSLU DOMUZ KONFİTLİ Börek

İÇİNDEKİLER

½ doğranmış süt domuzu

1 bardak tatlı şarap

2 dal biberiye

2 dal kekik

4 diş sarımsak

1 küçük havuç

1 küçük soğan

1 domates

hafif zeytinyağı

kaba tuz

DETAYLI BİLGİ

Süt domuzunu bir tepsiye yayın ve her iki tarafına da tuz serpin. Ezilmiş sarımsağı ve aromatikleri ekleyin. Yağ ile örtün ve 100 ºC'de 5 saat kızartın. Ardından, eti ve cildi çıkararak ısıtın ve kemiğini çıkarın.

Bir fırın tepsisine parşömen kağıdı koyun. Süt domuz etini ikiye bölün ve süt domuzun derisini üstüne yerleştirin (en az 2 parmak yüksekliğinde olmalıdır). Başka bir parşömen kağıdı koyun ve üzerine biraz ağırlık koyarak buzdolabında saklayın.

Bu arada koyu bir et suyu yapın. Kemikleri ve sebzeleri orta parçalar halinde kesin. Kemikleri 185 ºC'de 35 dakika kızartın, yanlardaki sebzeleri ekleyin ve 25 dakika daha kızartın. Fırından çıkarın ve şarapla yıkayın. Her şeyi bir tencereye koyun ve üzerini soğuk suyla kapatın. 2 saat çok kısık ateşte pişirin. Süzün ve hafifçe koyulaşana kadar tekrar ısıtın. Yağını gidermek.

Pastayı porsiyonlara ayırın ve sıcak bir tavada kabuklu olana kadar kızartın. 180ºC'de 3 dakika pişirin.

### KANDIRMAK

Zordan çok zahmetli bir yemek ama sonuç muhteşem. Sonunda bozulmaması için tek püf nokta, sosu etin üstünde değil yanında servis etmektir.

# MARC'A TAVŞAN

İÇİNDEKİLER

1 tavşan doğranmış

80 gr badem

1 litre tavuk suyu

400 ml prina

200 ml krema

1 dal biberiye

1 dal kekik

2 soğan

2 diş sarımsak

1 havuç

10 safran teli

Tuz ve biber

DETAYLI BİLGİ

Tavşanı doğrayın, baharatlayın ve kahverengileştirin. Geri çekil ve rezerve et.

Küçük parçalar halinde doğranmış havuç, soğan ve sarımsağı aynı yağda soteleyin. Safran ve bademleri ekleyip 1 dakika pişirin.

Isıyı yükseltin ve prina ile yıkayın. flambe Tavşanı tekrar ekleyin ve et suyuyla ıslatın. Kekik ve biberiye dallarını ekleyin.

Tavşan yumuşayana kadar yaklaşık 30 dakika pişirin ve kremayı ekleyin. 5 dakika daha pişirin ve tuzlayın.

## KANDIRMAK

Flambe, bir ruhun alkolünü yakmaktır. Bunu yaparken davlumbazın kapalı olmasına dikkat etmelisiniz.

# PEPITORIA FINDIK SOSLU KÖFTE

İÇİNDEKİLER

750 gr kıyma

750 gr kıyma

250 gr soğan

60 gr fındık

25 gr kızarmış ekmek

½ lt tavuk suyu

¼ litre beyaz şarap

10 safran teli

2 yemek kaşığı taze maydanoz

2 yemek kaşığı galeta unu

4 diş sarımsak

2 haşlanmış yumurta

1 taze yumurta

2 defne yaprağı

150 gr zeytinyağı

Tuz ve biber

DETAYLI BİLGİ

Eti, kıyılmış maydanozu, doğranmış sarımsağı, galeta ununu, yumurtayı, tuzu ve karabiberi bir kapta karıştırın. Orta-yüksek ateşte bir tencerede un ve kahverengi. Geri çekil ve rezerve et.

Aynı yağda küçük küpler halinde doğranmış soğanı ve diğer 2 diş sarımsağı kısık ateşte soteleyin. Şarapla yıkanın ve azalmasına izin verin. Et suyunu ekleyin ve 15 dakika pişirin. Köfteleri defne yaprağıyla birlikte sosa ekleyin ve 15 dakika daha pişirin.

Ayrı bir yerde safran kavrulur ve kavrulmuş ekmek, fındık ve yumurta sarısı ile birlikte havanda homojen bir hamur elde edinceye kadar ezilir. Güvece ekleyin ve 5 dakika daha pişirin.

KANDIRMAK

Üzerine kıyılmış yumurta akı ve biraz maydanoz serperek servis yapın.

# SİYAH BİRA İLE DANA ESKALOPİN

## İÇİNDEKİLER

4 dana biftek

125 gr şitaki mantarı

1/3 litre koyu bira

1 dl et suyu

1dl krema

1 havuç

1 taze soğan

1 domates

1 dal kekik

1 dal biberiye

Un

Zeytin yağı

Tuz ve biber

## DETAYLI BİLGİ

Filetoları baharatlayın ve unlayın. Bir tavada biraz yağ ile hafifçe kızartın. Çıkar ve rezerve et.

Aynı yağda yemeklik doğranmış kuru soğanı ve havucu soteleyin. Haşlandıklarında rendelenmiş domatesi ekleyin ve sos neredeyse kuruyana kadar pişirin.

Birayla yıkayın, orta ateşte 5 dakika alkolün buharlaşmasına izin verin ve et suyu, otlar ve filetoları ekleyin. 15 dakika veya yumuşayana kadar pişirin.

Ayrı olarak fileto mantarları yüksek ateşte soteleyin ve yahniye ekleyin. Tuzu düzeltin.

KANDIRMAK

Filetolar fazla pişmemeli yoksa çok sert olur.

# TRIPES A LA MADRILEÑA

İÇİNDEKİLER

1 kg temiz işkembe

2 domuz paça

25 gr un

1dl sirke

2 yemek kaşığı kırmızı biber

2 defne yaprağı

2 adet kuru soğan (1 tanesi sivri uçlu)

1 baş sarımsak

1 acı biber

2 dl zeytinyağı

20 gr tuz

DETAYLI BİLGİ

İşkembe ve domuz paçalarını bir tencerede soğuk suyla haşlayın. Kaynamaya başladıktan sonra 5 dakika pişirin.

Boşaltın ve temiz su ile değiştirin. Çivili soğanı, kırmızı biberi, sarımsağı ve defne yapraklarını ekleyin. Gerekirse üzerini iyice geçecek kadar su ekleyin ve kısık ateşte üzeri kapalı olarak 4 saat veya paçalar ve işkembe yumuşayana kadar pişirin.

İşkembe bittiğinde çivili soğanı, defne yaprağını ve acı biberi çıkarın. Ayrıca paçaları da çıkarıp kemiklerini ayıklayın ve işkembe büyüklüğünde doğrayın. Tencereye geri koyun.

Ayrı bir yerde brunoise doğranmış diğer soğanı kavurun, kırmızı biberi ve 1 yemek kaşığı unu ekleyin. Haşlandıktan sonra güvece ekleyin. 5 dakika pişirin, tuz ekleyin ve gerekirse koyulaştırın.

## KANDIRMAK

Bu tarif bir iki gün önceden hazırlanırsa lezzet kazanıyor. Ayrıca biraz haşlanmış nohut ekleyip bir tabak birinci sınıf bakliyat alabilirsiniz.

# ELMA VE NANELİ KAVRULMUŞ DOMUZ BÖLÜMÜ

## İÇİNDEKİLER

800 gr taze domuz filetosu

500 gr elma

60 gr şeker

1 bardak beyaz şarap

1 bardak brendi

10 nane yaprağı

1 defne yaprağı

1 büyük soğan

1 havuç

Zeytin yağı

Tuz ve biber

## DETAYLI BİLGİ

Filetoyu tuz ve karabiberle tatlandırın ve yüksek ateşte kızartın. Geri çekil ve rezerve et.

Temiz ve ince doğranmış soğan ve havucu bu yağda kavurun. Elmaları soyun ve çekirdeklerini çıkarın.

Her şeyi bir fırın tepsisine aktarın, alkolle yıkayın ve defne yaprağını ekleyin. 185ºC'de 90 dakika pişirin.

Elmaları ve sebzeleri çıkarın ve şeker ve nane ile karıştırın. Filetoyu ve sosu pişirme suyuyla doldurun ve elma kompostosuna eşlik edin.

### KANDIRMAK

Pişirme sırasında belin kurumaması için tepsiye biraz su ekleyin.

# AHUDUDU SOSLU TAVUK KÖFTE

İÇİNDEKİLER

## köfte için

1 kg kıyma tavuk eti

1 cl süt

2 yemek kaşığı galeta unu

2 yumurta

1 diş sarımsak

şeri şarabı

Un

kıyılmış maydanoz

Zeytin yağı

Tuz ve biber

## Ahududu sosu için

200 gr ahududu reçeli

½ lt tavuk suyu

1 ½ dl beyaz şarap

½ dl soya sosu

1 domates

2 havuç

1 diş sarımsak

1 soğan

Tuz

DETAYLI BİLGİ

## köfte için

Eti galeta unu, süt, yumurta, ince kıyılmış sarımsak, maydanoz ve biraz şarapla karıştırın. Tuz ve karabiber serpip 15 dakika dinlendirin.

Karışımla küçük toplar oluşturun ve unun içinden geçirin. İçinde ham bir şey bırakmaya çalışan yağda kahverengi. Yağı rezerve edin.

## Tatlı ve ekşi ahududu sosu için

Soğan, sarımsak ve havuçları soyun ve küçük küpler halinde doğrayın. Köftelerin kızardığı aynı yağda soteleyin. Bir tutam tuzla tatlandırın. Kabuksuz ve çekirdeksiz doğranmış domatesi ekleyin ve suyu buharlaşana kadar haşlayın.

Şarapla yıkayın ve yarı yarıya azalana kadar pişirin. Soya sosu ve et suyunu ekleyin ve sos kalınlaşana kadar 20 dakika daha pişirin. Reçeli ve köfteleri ekleyin ve her şeyi birlikte 10 dakika daha pişirin.

KANDIRMAK

Ahududu reçeli, herhangi bir kırmızı meyve ve hatta reçel ile değiştirilebilir.

# KUZU GÜVEÇ

İÇİNDEKİLER

1 kuzu bacağı

1 büyük bardak kırmızı şarap

½ su bardağı ezilmiş domates (veya 2 rendelenmiş domates)

1 yemek kaşığı tatlı kırmızı biber

2 büyük patates

1 yeşil biber

1 kırmızı dolmalık biber

1 soğan

Et suyu (veya su)

Zeytin yağı

Tuz ve biber

DETAYLI BİLGİ

Bacağını doğrayın, baharatlayın ve çok sıcak bir tencerede kızartın. Çıkar ve rezerve et.

Aynı yağda yemeklik doğranmış soğan ve biberleri kavurun. Sebzeler iyice kavrulunca bir yemek kaşığı kırmızı biber ve domatesi ilave edin. Yüksek ateşte domates suyunu çekene kadar pişirmeye devam edin. Sonra tekrar kuzu ekleyin.

Şarapla yıkanın ve azalmasına izin verin. Et suyu ile kaplayın.

Kuzu yumuşayınca kaşelada patatesleri (kesilmemiş) ekleyin ve patatesler pişene kadar pişirin. Tuz ve karabiberi düzeltin.

## KANDIRMAK

Daha da lezzetli bir sos için 4 piquillo biberi ve 1 diş sarımsağı ayrı ayrı kızartın. Güveçten biraz et suyu ile karıştırın ve yahniye ekleyin.

# TAVŞAN MİSKE

### İÇİNDEKİLER

1 tavşan

250 gr mantar

250 gr havuç

250 gr soğan

100 gr domuz pastırması

¼ litre kırmızı şarap

3 yemek kaşığı domates sosu

2 diş sarımsak

2 dal kekik

2 defne yaprağı

Et suyu (veya su)

Zeytin yağı

Tuz ve biber

### DETAYLI BİLGİ

Tavşanı kesin ve küçük parçalar halinde kesilmiş havuç, sarımsak ve soğan, şarap, 1 dal kekik ve 1 defne yaprağında 24 saat marine edin. Süre dolduğunda süzün ve bir yandan şarabı, diğer yandan sebzeleri ayırın.

Tavşanı tuz ve karabiberle tatlandırın, yüksek ateşte kızartın ve çıkarın. Sebzeleri aynı yağda orta-düşük ateşte soteleyin. Domates sosunu ekleyin ve 3 dakika soteleyin. Tavşanı geri koy. Et kaplanana kadar şarap ve et suyu ile yıkayın. Diğer kekik dalını ve diğer defne yaprağını ekleyin. Tavşan yumuşayana kadar pişirin.

Bu arada, kıyılmış domuz pastırması ve dörde bölünmüş mantarları soteleyin ve yahniye ekleyin. Ayrı bir yerde tavşanın ciğerini havanda dövüp onu da ekleyin. 10 dakika daha pişirin ve tuz ve karabiber ekleyin.

KANDIRMAK

Bu yemek herhangi bir av hayvanı ile yapılabilir ve bir gün önceden yapılırsa daha lezzetli olur.

# PIPERRADA İLE TAVŞAN

İÇİNDEKİLER

1 tavşan

2 büyük domates

2 soğan

1 yeşil biber

1 diş sarımsak

Şeker

Zeytin yağı

Tuz ve biber

DETAYLI BİLGİ

Tavşanı doğrayın, baharatlayın ve bir güveçte kızartın. Geri çekil ve rezerve et.

Soğan, biber ve sarımsağı küçük parçalar halinde kesin ve tavşanın yapıldığı yağda 15 dakika kısık ateşte kızartın.

Brunoise doğranmış domatesleri ekleyin ve orta ateşte suyunu tamamen çekene kadar pişirin. Gerekirse tuzu ve şekeri düzeltin.

Tavşanı ekleyin, ateşi kısın ve tencerenin kapağı kapalı olarak ara sıra karıştırarak 15-20 dakika pişirin.

KANDIRMAK

Piperrada kabak veya patlıcan eklenebilir.

# KÖRİ SOSLU PEYNİR DİLİ TAVUK KÖFTE

İÇİNDEKİLER

500 gr kıyılmış tavuk

150 gr peynir küp şeklinde kesilmiş

100 gr galeta unu

200 ml krema

1 bardak tavuk suyu

2 yemek kaşığı köri

½ yemek kaşığı galeta unu

30 kuru üzüm

1 yeşil biber

1 havuç

1 soğan

1 yumurta

1 limon

Süt

Un

Zeytin yağı

Tuz

DETAYLI BİLGİ

Tavuğu baharatlayın ve galeta unu, yumurta, 1 yemek kaşığı köri ve süte batırılmış galeta unu ile karıştırın. Toplar oluşturun, bir küp peynirle doldurun ve undan geçirin. Kızartın ve rezerve edin.

Aynı yağda küçük küçük doğranmış soğan, biber ve havucu kavurun. Limon kabuğu rendesini ekleyin ve birkaç dakika pişirin. Diğer çorba kaşığı köri, kuru üzüm ve tavuk suyunu ekleyin. Kaynamaya başlayınca kremayı ekleyin ve 20 dk pişirin. Tuzu düzeltin.


KANDIRMAK

Bu köfteler için ideal bir eşlikçi, dörde bölünmüş ve küçük parçalar halinde kesilmiş ve iyi bir Porto veya Pedro Ximénez şarabı ile yıkanmış birkaç diş sarımsakla sotelenmiş mantarlardır.

# KIRMIZI ŞARAPTA DOMUZ YANAKLARI

İÇİNDEKİLER

12 domuz yanağı

½ litre kırmızı şarap

2 diş sarımsak

2 pırasa

1 kırmızı dolmalık biber

1 havuç

1 soğan

Un

Et suyu (veya su)

Zeytin yağı

Tuz ve biber

DETAYLI BİLGİ

Yanakları çok sıcak bir tencerede baharatlayın ve kızartın. Çıkar ve rezerve et.

Sebzeleri bronoise doğrayın ve domuz etinin kızartıldığı yağda kızartın. İyice haşlandıktan sonra şarabı ekleyin ve 5 dakika kadar azaltın. Yanakları ve et suyunu üzerini geçecek kadar ekleyin.

Yanaklar iyice yumuşayana kadar pişirin ve hiç sebze parçası kalmasını istemiyorsanız sosu karıştırın.

## KANDIRMAK

Domuz yanaklarını yapmak, sığır yanaklarından çok daha az zaman alır. Sonunda sosa bir ons çikolata eklenirse farklı bir lezzet elde edilir.

# DOMUZ İPEK NAVARRE

İÇİNDEKİLER

2 doğranmış kuzu bacağı

50 gr domuz yağı

1 çay kaşığı kırmızı biber

1 yemek kaşığı sirke

2 diş sarımsak

1 soğan

Zeytin yağı

Tuz ve biber

DETAYLI BİLGİ

Kuzu incikleri parçalar halinde kesin. Tuz, karabiber ve bir tencerede yüksek ateşte kızartın. Çıkar ve rezerve et.

İnce kıyılmış soğan ve sarımsağı aynı yağda 8 dakika kısık ateşte soteleyin. Kırmızı biberi ekleyin ve 5 saniye daha soteleyin. Kuzu ekleyin ve suyla kaplayın.

Sos azalana ve et yumuşayana kadar pişirin. Sirke ile nemlendirin ve kaynatın.

KANDIRMAK

İlk kızartma, meyve sularının akmasını önlediğinden önemlidir. Ayrıca kıtır bir dokunuş sağlar ve lezzetleri artırır.

# Fıstık Soslu Dana Haşlama

İÇİNDEKİLER

750 gr siyah muhallebi eti

250 gr yer fıstığı

2 lt et suyu

1 bardak krema

½ bardak brendi

2 yemek kaşığı domates sosu

1 dal kekik

1 dal biberiye

4 patates

2 havuç

1 soğan

1 diş sarımsak

Zeytin yağı

Tuz ve biber

DETAYLI BİLGİ

Siyah pudingi doğrayın, baharatlayın ve yüksek ateşte kızartın. Çıkar ve rezerve et.

Küçük küpler halinde doğranmış soğan, sarımsak ve havucu aynı yağda kısık ateşte soteleyin. Isıyı artırın ve domates sosu ekleyin. Tüm suyunu kaybedene kadar azaltalım. Brendi ile su ve alkolün buharlaşmasına izin verin. Eti tekrar ekleyin.

Yer fıstığını et suyuyla iyice ezin ve aromatik bitkilerle birlikte güveçe ekleyin. Et neredeyse yumuşayana kadar kısık ateşte pişirin.

Daha sonra soyulmuş ve normal kareler halinde kesilmiş patatesleri ve kremayı ekleyin. 10 dakika pişirin ve tuz ve karabiber ekleyin. Servis yapmadan önce 15 dakika dinlendirin.

KANDIRMAK

Bu et yemeğine pirinç pilavı eşlik edebilir (Pilav ve Makarna bölümüne bakınız).

# KIZARTMA DOMUZU

İÇİNDEKİLER

1 süt domuzu

2 yemek kaşığı domuz yağı

Tuz

DETAYLI BİLGİ

Kulakları ve kuyruğu yanmamaları için alüminyum folyo ile kaplayın.

2 tahta kaşığı bir fırın tepsisine koyun ve süt domuzunu yüzü yukarı bakacak şekilde kabın tabanına değmeyecek şekilde yerleştirin. 2 yemek kaşığı su ekleyin ve 180ºC'de 2 saat pişirin.

Tuzu 4 dl suda eritin ve her 10 dakikada bir emziren domuzun içini boyayın. Bir saat sonra ters çevirin ve süre dolana kadar su ve tuzla boyamaya devam edin.

Tereyağını eritin ve cildi boyayın. Fırını 200ºC'ye yükseltin ve 30 dakika daha veya cilt altın sarısı ve gevrek olana kadar kızartın.

KANDIRMAK

Cildin üzerine meyve suyu ile sos yapmayın; bu onun gevrekliğini kaybetmesine neden olur. Sosu yemeğin tabanına servis edin.

# LAHANALI KAVRULMUŞ BOT

İÇİNDEKİLER

4 eklem

½ lahana

3 diş sarımsak

Zeytin yağı

Tuz ve biber

DETAYLI BİLGİ

Eklemleri kaynar suyla örtün ve 2 saat veya tamamen yumuşayana kadar pişirin.

Sudan çıkarın ve 220ºC'de bir çiseleyen yağ ile altın rengi kahverengi olana kadar pişirin. Mevsim.

Lahanayı ince şeritler halinde kesin. Bol kaynar suda 15 dk haşlayın. Boşaltmak.

Bu sırada yemeklik doğranmış sarımsağı az yağda kavurun, lahanayı ilave edip soteleyin. Tuz ve karabiber serpin ve kavrulmuş parmak boğumları ile birlikte servis yapın.

KANDIRMAK

Boğumlar çok sıcak bir tavada da yapılabilir. Onları her taraftan iyice kızartın.

# TAVŞAN CACCIATORE

İÇİNDEKİLER

1 tavşan

300 gr mantar

2 bardak tavuk suyu

1 bardak beyaz şarap

1 dal taze kekik

1 defne yaprağı

2 diş sarımsak

1 soğan

1 domates

Zeytin yağı

Tuz ve biber

DETAYLI BİLGİ

Tavşanı doğrayın, baharatlayın ve yüksek ateşte kızartın. Çıkar ve rezerve et.

Küçük parçalar halinde doğranmış soğan ve sarımsağı aynı yağda kısık ateşte 5 dakika soteleyin. Isıyı artırın ve rendelenmiş domatesi ekleyin. Suyu kalmayana kadar pişirin.

Tavşanı tekrar içeri at ve şarapla yıkan. Azaltmasına izin verin ve sos neredeyse kuru. Et suyunu ekleyin ve aromatik bitkilerle birlikte 25 dakika veya et yumuşayana kadar pişirin.

Bu arada temizlenip dilimlenen mantarları kızgın tavada 2 dk soteleyin. Tuzla tatlandırın ve güveçte ekleyin. 2 dakika daha pişirin ve gerekirse tuz ekleyin.

KANDIRMAK

Aynı tarifi tavuk veya hindi eti ile de yapabilirsiniz.

# LA MADRILEÑA'DA DANA ESKALOP

### İÇİNDEKİLER

4 dana biftek

1 yemek kaşığı taze maydanoz

2 diş sarımsak

Un, yumurta ve galeta unu (kaplamak için)

Zeytin yağı

Tuz ve biber

### DETAYLI BİLGİ

Maydanoz ve sarımsağı ince ince kıyın. Bunları bir kasede birleştirin ve ekmek kırıntılarını ekleyin. Kaldırmak.

Filetoları tuz ve karabiberle tatlandırın ve un, çırpılmış yumurta ve galeta unu ile sarımsak ve maydanoz karışımından geçirin.

Panelerin iyice yapışması için elinizle bastırın ve bol kızgın yağda 15 saniye kadar kızartın.

### KANDIRMAK

Filetoları bir tokmakla ezin, böylece lifler parçalanır ve et daha yumuşak olur.

# MANTARLI TAVŞAN PİŞMİŞİ

İÇİNDEKİLER

1 tavşan

250 gr mevsim mantarı

50 gr domuz yağı

200 gr pastırma

45 gr badem

600 ml tavuk suyu

1 bardak şeri şarap

1 havuç

1 domates

1 soğan

1 diş sarımsak

1 dal kekik

Tuz ve biber

DETAYLI BİLGİ

Tavşanı doğrayın ve baharatlayın. Çubuklar halinde kesilmiş pastırma ile birlikte tereyağında yüksek ateşte kızartın. Çıkar ve rezerve et.

Aynı yağda küçük doğranmış soğan, havuç ve sarımsağı soteleyin. Doğranmış mantarları ekleyin ve 2 dakika pişirin. Rendelenmiş domatesi ilave edip suyunu çekene kadar pişirin.

Tavşanı ve pastırmayı tekrar ekleyin ve şarapla yıkayın. Azaltmasına izin verin ve sos neredeyse kuru. Et suyunu ekleyin ve kekik ekleyin. 25 dakika veya tavşan yumuşayana kadar kısık ateşte pişirin. Bademleri üstüne koyun ve tuzla tatlandırın.

KANDIRMAK

Kurutulmuş shiitake mantarları kullanılabilir. Çok fazla lezzet ve aroma katıyorlar.

# BEYAZ ŞARAP VE BAL İLE İBER DOMUZ KABUĞU

İÇİNDEKİLER

1 İber domuz kaburga

1 bardak beyaz şarap

2 yemek kaşığı bal

1 yemek kaşığı tatlı kırmızı biber

1 yemek kaşığı kıyılmış biberiye

1 yemek kaşığı kıyılmış kekik

1 diş sarımsak

Zeytin yağı

Tuz ve biber

DETAYLI BİLGİ

Baharatları, rendelenmiş sarımsağı, balı ve tuzu bir kaseye koyun. ½ küçük bardak yağ ekleyin ve karıştırın. Kaburgayı bu karışımla yayın.

200 ºC'de 30 dk et tarafı alta gelecek şekilde kızartın. Çevirin, şarapla gezdirin ve 30 dakika daha veya kaburgalar altın rengi ve yumuşayana kadar pişirin.

## KANDIRMAK

Lezzetlerin kaburgalara daha fazla nüfuz etmesi için eti bir gün önceden marine etmekte fayda var.

# ARMUT ÇİKOLATALI BİBERLİ

### İÇİNDEKİLER

150 gr çikolata

85 gr şeker

½ litre süt

4 armut

1 çubuk tarçın

10 karabiber

### DETAYLI BİLGİ

Armutları saplarını çıkarmadan soyun. Sütte şeker, çubuk tarçın ve karabiberle birlikte 20 dakika pişirin.

Armutları çıkarın, sütü süzün ve çikolatayı ekleyin. Karıştırmayı bırakmadan koyulaşana kadar azaltalım. Armutları çikolata sosu eşliğinde servis edin.

### KANDIRMAK

Armutlar piştikten sonra uzunlamasına açın, çekirdeklerini çıkarın ve şekerli mascarpone peyniri ile doldurun. Tekrar kapatın ve soslayın. lezzetli.

# ÜÇ ÇİKOLATALI BİSKÜVİLİ KEK

İÇİNDEKİLER

150 gr beyaz çikolata

150 gr bitter çikolata

150 gr sütlü çikolata

450ml krema

450 ml süt

4 yemek kaşığı tereyağı

1 paket Maria bisküvi

3 zarf lor

DETAYLI BİLGİ

Bisküvileri ufalayın ve tereyağını eritin. Kurabiyeleri tereyağı ile yoğurun ve çıkarılabilir bir kalıpta pastanın tabanını yapın. 20 dk buzlukta dinlendirelim.

Bu arada bir kapta 150 gr süt, 150 gr krema ve 150 gr çikolatalardan birini ısıtın. Kaynamaya başlar başlamaz 1 poşet lor bir bardakta biraz sütle seyreltilir ve kaptaki karışıma ilave edilir. Tekrar pişer pişmez çıkarın.

Kurabiye hamurunun üzerine ilk çikolatayı koyun ve 20 dk buzlukta bekletin.

Başka bir çikolata ile aynı işlemi tekrar yapın ve ilk katın üzerine koyun. Ve işlemi üçüncü çikolata ile tekrarlayın. Servis zamanına kadar dondurucuda veya buzdolabında donmaya bırakın.

KANDIRMAK

Nane veya portakal gibi başka çikolatalar da kullanılabilir.

# İSVİÇRE BEZE

### İÇİNDEKİLER

250 gr şeker

4 yumurta akı

bir tutam tuz

Birkaç damla limon suyu

### DETAYLI BİLGİ

Yumurta aklarını sert bir kıvam alana kadar çırpma teli ile çırpın. Limon suyu, bir tutam tuz ve şekeri azar azar ve çırpmayı bırakmadan ekleyin.

Şekeri eklemeyi bitirince 3 dakika daha çırpın.

### KANDIRMAK

Beyazların sert olduğu zamanlar tepe noktası veya kar noktası olarak adlandırılır.

# MUZLU FINDIKLI KREP

İÇİNDEKİLER

100 gr un

25 gr tereyağı

25 gr şeker

1 ½ dl süt

8 yemek kaşığı fındık kreması

2 yemek kaşığı rom

1 yemek kaşığı pudra şekeri

2 muz

1 yumurta

½ zarf maya

DETAYLI BİLGİ

Yumurta, maya, rom, un, şeker ve sütü çırpın. 30 dk buzdolabında dinlendirelim.

Tereyağını yapışmaz bir tavada kısık ateşte ısıtın ve tüm yüzeye ince bir hamur tabakası yayın. Hafifçe altın olana kadar çevirin.

Plantainleri soyun ve dilimleyin. Her krepin üzerine 2 yemek kaşığı fındık kreması ve ½ muz yayın. Mendil şeklinde kapatın ve üzerine pudra şekeri serpin.

KANDIRMAK

Krep önceden yapılabilir. Yiyecekleri zaman, onları bir tavada her iki tarafına da biraz tereyağ koyarak ısıtmanız yeterli.

# ÇİKOLATA TABANLI LİMONLU TART

## İÇİNDEKİLER

400 ml süt

300 gr şeker

250 gr un

125 gr tereyağı

50 gr kakao

50 gr mısır nişastası

5 yumurta sarısı

2 limon suyu

## DETAYLI BİLGİ

Un, tereyağı, 100 gr şeker ve kakaoyu kumlu bir doku elde edinceye kadar karıştırın. Ardından elinize yapışmayan bir hamur elde edene kadar su ekleyin. Bir kalıba dökün, bu kremayı dökün ve 170ºC'de 20 dakika pişirin.

Diğer yandan sütü ısıtın. Bu sırada yumurta sarılarını ve kalan şekeri hafif beyazlaşana kadar çırpın. Daha sonra nişastayı ekleyip süt ile karıştırın. Koyulaşana kadar sürekli karıştırarak ısıtın. Limon suyunu ekleyin ve karıştırmaya devam edin.

Tabanı krema ile dolduran tartı birleştirin. Servis yapmadan önce 3 saat buzdolabında dinlendirin.

## KANDIRMAK

Pastaya mükemmel bir tazelik dokunuşu vermek için limon kremasına birkaç nane yaprağı ekleyin.

# TİRAMİSU

## İÇİNDEKİLER

500 gr mascarpone peyniri

120 gr şeker

1 paket kedi dili bisküvi

6 yumurta

Amaretto (veya kızarmış rom)

Kahve makinesinden kahve ile 1 büyük bardak (tadına göre tatlandırılmış)

kakao tozu

Tuz

## DETAYLI BİLGİ

Beyazları ve sarıları ayırın. Yumurta sarılarını çırpın ve şekerin yarısını ve mascarpone peynirini ekleyin. Sarma hareketleriyle çırpın ve rezerve edin. Yumurta aklarını bir fiske tuzla doruk noktasına (veya kar haline) gelene kadar çırpın. Neredeyse bir araya geldiklerinde şekerin diğer yarısını ekleyin ve montajı bitirin. Sarıları ve beyazları nazikçe ve sarma hareketleriyle karıştırın.

Bisküvileri iki tarafını da (çok ıslatmadan) kahve ve liköre batırıp bir kabın dibine dizin.

Bisküvilerin üzerine bir kat yumurta ve peynir kreması koyun. Kedi dillerini tekrar batırın ve hamurun üzerine birleştirin. Peynir kütlesi ile bitirin ve kakao tozu serpin.

## KANDIRMAK

Hazırlandıktan iki gün sonra bir gecede veya daha iyi yiyin.

# INTXAURSALSA (CEVİZ KREMASI)

İÇİNDEKİLER

125 gr kabuklu ceviz

100 gr şeker

1 litre süt

1 küçük çubuk tarçın

DETAYLI BİLGİ

Sütü tarçın ile kaynatın ve şekeri ve dövülmüş fındıkları ekleyin.

2 saat kısık ateşte pişirin ve servis yapmadan önce soğumaya bırakın.

KANDIRMAK

Sütlaç gibi bir kıvama sahip olmalı.

# ARA SÜT

İÇİNDEKİLER

175 gr şeker

1 litre süt

1 limon kabuğu

1 çubuk tarçın

3 veya 4 yumurta akı

Toz tarçın

DETAYLI BİLGİ

Sütü, tarçın çubuğu ve limon kabuğu ile kısık ateşte kaynamaya başlayana kadar ısıtın. Hemen şekeri ekleyin ve 5 dakika daha pişirin. Rezerve edin ve buzdolabında soğumaya bırakın.

Soğuyunca yumurta aklarını katılaşana kadar çırpın ve sarım hareketleriyle süte ekleyin. Öğütülmüş tarçın ile servis yapın.

KANDIRMAK

Rakipsiz bir granita elde etmek için, dondurucuya ayırın ve tamamen donana kadar her saat bir çatalla kazıyın.

# KEDİ DİLLERİ

İÇİNDEKİLER

350 gr gevşek un

250 gr yumuşamış tereyağı

250 gr pudra şekeri

5 yumurta akı

1 yumurta

Vanilya

Tuz

DETAYLI BİLGİ

Bir kaseye tereyağı, pudra şekeri, bir tutam tuz ve biraz vanilya esansı ekleyin. İyice çırpın ve yumurtayı ekleyin. Çırpmaya devam edin ve çırpmaya ara vermeden beyazları birer birer ekleyin. Fazla karıştırmadan unu bir kerede ekleyin.

Kremayı düz uçlu bir torbaya koyun ve yaklaşık 10 cm'lik şeritler yapın. Tepsiyi masaya vurarak hamurun yayılmasını sağlayın ve 200ºC'de uçları altın rengi olana kadar pişirin.

KANDIRMAK

Farklı kedi dilleri yapmak için hamura 1 yemek kaşığı hindistan cevizi tozu ekleyin.

# PORTAKAL KUPAK

İÇİNDEKİLER

220 gr un

200 gr şeker

4 yumurta

1 küçük portakal

1 kimyasal maya

Toz tarçın

220 gr ayçiçek yağı

DETAYLI BİLGİ

Yumurtaları şeker, tarçın ve kabuğu rendesi ve portakal suyu ile birleştirin.

Yağı ekleyin ve karıştırın. Elenmiş un ve mayayı ekleyin. Bu karışımı 15 dakika dinlendirip cupcake kalıplarına dökün.

Fırını 200 ºC'ye ısıtın ve hazır olana kadar 15 dakika pişirin.

KANDIRMAK

Çikolata incileri hamura dahil edilebilir.

# LİMAN KAVRULMUŞ ELMA

İÇİNDEKİLER

80 gr tereyağı (4 adet)

8 yemek kaşığı liman

4 yemek kaşığı şeker

4 küçük elma

DETAYLI BİLGİ

Elmaların çekirdeklerini çıkarın. Şekerle doldurun ve üstüne tereyağı koyun.

175 ºC'de 30 dakika pişirin. Bu sürenin sonunda her elmaya 2 yemek kaşığı porto şarabı serpin ve 15 dakika daha pişirin.

KANDIRMAK

Bir top vanilyalı dondurma ile sıcak servis yapın ve saldıkları meyve suyuyla gezdirin.

# PİŞMİŞ BEZE

İÇİNDEKİLER

400 gr toz şeker

100 gr pudra şekeri

¼ litre yumurta akı

damla limon suyu

DETAYLI BİLGİ

Beyazları limon suyu ve şekerle iyice birleşene kadar benmari usulü çırpın. Ateşten alın ve çırpmaya devam edin (sıcaklık düştükçe beze koyulaşacaktır).

Pudra şekerini ekleyin ve beze tamamen soğuyana kadar çırpmaya devam edin.

KANDIRMAK

Kek kaplamak ve süsleme yapmak için kullanılabilir. Beyazın kesilmemesi için 60 ºC'yi geçmeyin.

# MUHALLEBİ

İÇİNDEKİLER

170 gr şeker

1 litre süt

1 yemek kaşığı mısır nişastası

8 yumurta sarısı

1 limon kabuğu

Tarçın

DETAYLI BİLGİ

Sütü limon kabuğu ve şekerin yarısı ile kaynatın. Kaynayınca altını kapatın ve ocaktan alıp dinlenmeye bırakın.

Ayrı bir kapta yumurta sarılarını kalan şeker ve mısır nişastası ile çırpın. Kaynamış sütün dörtte birini ekleyin ve karıştırmaya devam edin.

Sarısı karışımını sütün geri kalanına ekleyin ve karıştırmayı bırakmadan pişirin.

İlk kaynamada birkaç çubukla 15 sn çırpın. Ateşten alın ve 30 saniye daha çırpmaya devam edin. Süzün ve soğukta dinlenmeye bırakın. Tarçın serpin.

KANDIRMAK

Çikolata, ezilmiş kurabiye, kahve, rendelenmiş hindistancevizi vb. gibi aromalı muhallebi yapmak için, yalnızca istenen aromayı sıcakken ve sıcakken karıştırmanız gerekir.

# MENEKŞE ŞEKERLİ PANNA COTTA

İÇİNDEKİLER

150 gr şeker

100 gr mor şeker

½ litre krema

½ litre süt

9 jelatin yaprak

DETAYLI BİLGİ

Jelatin tabakaları soğuk suyla nemlendirin.

Krema, süt, şeker ve karamelleri bir sos tenceresinde eriyene kadar ısıtın.

Ateşten aldıktan sonra jelatini ekleyin ve tamamen eriyene kadar karıştırın.

Kalıplara dökün ve buzdolabında en az 5 saat bekletin.

KANDIRMAK

Bu tarif, kahve şekerleri, şekerleme vb. dahil edilerek çeşitlendirilebilir.

# narenciye bisküvi

İÇİNDEKİLER

220 gr yumuşamış tereyağı

170 gr un

55 gr pudra şekeri

35 gr mısır nişastası

5 gr portakal kabuğu

5 gr limon kabuğu rendesi

2 yemek kaşığı portakal suyu

1 yemek kaşığı limon suyu

1 yumurta akı

Vanilya

DETAYLI BİLGİ

Tereyağını, yumurta beyazını, portakal suyunu, limon suyunu, turunçgillerin kabuklarını ve bir tutam vanilya esansını çok yavaş bir şekilde karıştırın. Karıştırın ve elenmiş unu ve mısır nişastasını ekleyin.

Hamuru kıvrık uçlu bir manşona koyun ve parşömen kağıdına 7 cm'lik halkalar çizin. 175 derecede 15 dk pişirin.

Kurabiyelerin üzerine pudra şekeri serpin.

## KANDIRMAK

Hamura öğütülmüş karanfil ve zencefil ekleyin. Sonuç mükemmel.

# MANGO YAPILIŞI

İÇİNDEKİLER

550 gr gevşek un

400 gr yumuşamış tereyağı

200 gr pudra şekeri

125 gr süt

2 yumurta

Vanilya

Tuz

DETAYLI BİLGİ

Un, şeker, bir tutam tuz ve başka bir vanilya özünü karıştırın. Çok soğumamış yumurtaları teker teker ekleyin. Hafif ılık sütle yıkayın ve elenmiş unu ekleyin.

Hamuru kıvrık uçlu bir manşona koyun ve parşömen kağıdına biraz dökün. 180ºC'de 10 dk pişirin.

KANDIRMAK

Dışına çekilmiş badem ekleyebilir, çikolataya bulayabilir ya da üzerine vişne yapıştırabilirsiniz.

# YOĞURTLU KEK

## İÇİNDEKİLER

375 gr un

250 gr sade yoğurt

250 gr şeker

1 paket kimyasal maya

5 yumurta

1 küçük portakal

1 limon

125 gr ayçiçek yağı

## DETAYLI BİLGİ

Yumurta ve şekeri mikserle 5 dk çırpın. Yoğurt, yağ, kabuk ve narenciye suları ile karıştırın.

Un ve mayayı eleyin ve yoğurtlarla karıştırın.

Bir kalıbı yağlayıp unlayın. Hamuru ekleyin ve 165 ºC'de yaklaşık 35 dakika pişirin.

## KANDIRMAK

Farklı bisküviler yapmak için aromalı yoğurtlar kullanın.

# BİBERİYELİ muz kompostosu

İÇİNDEKİLER

30 gr tereyağı

1 dal biberiye

2 muz

DETAYLI BİLGİ

Muzları soyup dilimleyin.

Bir tencereye koyun, üzerini kapatın ve tereyağı ve biberiye ile birlikte çok kısık ateşte muz komposto gibi olana kadar pişirin.

KANDIRMAK

Bu komposto, hem domuz pirzolasına hem de çikolatalı pandispanyaya eşlik eder. Daha tatlı olması için pişirme sırasında 1 yemek kaşığı şeker ekleyebilirsiniz.

# CRÈME BRÛLÉE

İÇİNDEKİLER

100 gr esmer şeker

100 gr beyaz şeker

400cl krema

300cl süt

6 yumurta sarısı

1 vanilya çubuğu

DETAYLI BİLGİ

Vanilya çubuğunu açın ve çekirdekleri çıkarın.

Bir kasede sütü beyaz şeker, yumurta sarısı, krema ve vanilya çekirdekleriyle çırpın. Bu karışımla tek tek kalıpları doldurun.

Fırını 100 ºC'ye ısıtın ve benmari usulü 90 dakika pişirin. Soğuduktan sonra üzerine esmer şeker serpin ve bir meşale ile yakın (veya fırını ızgara modunda önceden ısıtın ve şeker hafifçe yanana kadar pişirin).

KANDIRMAK

Lezzetli bir kakao kreması elde etmek için kremaya veya süte 1 yemek kaşığı çözünür kakao ekleyin.

# KREMA DOLGULU İSVİÇRE KOLU

İÇİNDEKİLER

250 gr çikolata

125 gr şeker

½ litre krema

Uğur böceği pastası (Tatlılar bölümüne bakın)

DETAYLI BİLGİ

Uğur böceği pastası yap. Krem şanti ile doldurun ve kendi üzerine sarın.

Şekeri 125 gr su ile bir tencerede kaynatın. Çikolatayı ekleyin, sürekli karıştırarak 3 dakika eritin ve İsviçre rulosunu bununla kaplayın. Servis yapmadan önce dinlenmeye bırakın.

KANDIRMAK

Daha eksiksiz ve lezzetli bir tatlının tadını çıkarmak için şurup halinde doğranmış meyveleri kremaya ekleyin.

# yumurtalı turta

### İÇİNDEKİLER

200 gr şeker

1 litre süt

8 yumurta

### DETAYLI BİLGİ

Şekerle kısık ateşte ve karıştırmadan karamel yapın. Kızarmış bir renk aldığında ocaktan alın. Bireysel flaneralara veya herhangi bir kalıba dağıtın.

Süt ve yumurtaları köpük oluşmasını önleyerek çırpın. Kalıplara koymadan önce görünüyorsa tamamen çıkarın.

Karamelin üzerine dökün ve benmari usulü 165 ºC'de yaklaşık 45 dakika veya iğne batırıp temiz çıkana kadar pişirin.

### KANDIRMAK

Aynı tarif, lezzetli bir puding yapmak için kullanılır. Sadece önceki günden kalan kruvasanları, kekleri, bisküvileri... karışıma eklemeniz yeterli.

# ÇİLEKLİ CAVA JÖLESİ

## İÇİNDEKİLER

500 gr şeker

150 gr çilek

1 şişe şampanya

½ paket jelatin yaprak

## DETAYLI BİLGİ

Kavayı ve şekeri bir tencerede ısıtın. Isıdan soğuk suda önceden nemlendirilmiş jelatini ekleyin.

Çileklerle birlikte Martini bardaklarında servis yapın ve donana kadar buzdolabında bekletin.

## KANDIRMAK

Herhangi bir tatlı şarap ve kırmızı meyvelerle de yapılabilir.

# börek

### İÇİNDEKİLER

150 gr un

30 gr tereyağı

250 ml süt

4 yumurta

1 limon

### DETAYLI BİLGİ

Süt ve tereyağını limon kabuğu ile birlikte kaynama noktasına getirin. Kaynayınca kabuğunu alın ve unu içine atın. Isıyı kapatın ve 30 s karıştırın.

Tekrar ateşe koyun ve hamur kabın duvarlarına yapışana kadar bir dakika daha hareket ettirin.

Hamuru bir kaseye dökün ve yumurtaları birer birer ekleyin (bir önceki hamurla iyice karışana kadar bir sonrakini eklemeyin).

Sıkma torbası yardımıyla veya 2 kaşık yardımıyla börekleri küçük porsiyonlar halinde kızartın.

### KANDIRMAK

Krema, krema, çikolata vb. ile doldurulabilir.

# SAN JUAN KOCA

İÇİNDEKİLER

350 gr un

100 gr tereyağı

40 gr çam fıstığı

250 ml süt

1 paket kabartma tozu

1 limon kabuğu rendesi ve

3 yumurta

Şeker

Tuz

DETAYLI BİLGİ

Unu ve mayayı eleyin. Karıştırın ve bir volkan yapın. Ortasına lezzet, 110 gr şeker, tereyağı, süt, yumurta ve bir tutam tuz dökün. Hamur elinize yapışmayana kadar iyice yoğurun.

Dikdörtgen ve ince olana kadar bir rulo ile gerin. Parşömen kağıdı üzerine bir tabağa koyun ve 30 dakika mayalanmaya bırakın.

Kokayı yumurta ile boyayın, çam fıstığı ve 1 yemek kaşığı şeker serpin. 200ºC'de yaklaşık 25 dk pişirin.

# BOLONEZ SOSU

İÇİNDEKİLER

600 gr ezilmiş domates

500 gr kıyma

1 bardak kırmızı şarap

3 havuç

2 kereviz sapı (isteğe bağlı)

2 diş sarımsak

1 soğan

Kekik

Şeker

Zeytin yağı

Tuz ve biber

DETAYLI BİLGİ

Soğanı, sarımsağı, kereviz saplarını ve havucu ince ince doğrayın. Soteleyin ve sebzeler yumuşayınca eti ekleyin.

Tuz ve karabiber ekleyin ve etin pembe rengi kaybolunca şarapla yıkanın. Yüksek ateşte 3 dakika azaltın.

Rendelenmiş domatesi ekleyin ve 1 saat kısık ateşte pişirin. Sonunda tuzu ve şekeri düzeltin ve tadına bakmak için kekik ekleyin.

KANDIRMAK

Bolognese her zaman makarna ile ilişkilendirilir, ancak pirinç pilavı ile lezzetlidir.

# BEYAZ BROTH (TAVUK VEYA DANA ETİ)

## İÇİNDEKİLER

1 kg dana veya tavuk kemiği

1dl beyaz şarap

1 sap kereviz

1 dal kekik

2 karanfil

1 defne yaprağı

1 temiz pırasa

1 temiz havuç

½ soğan

15 karabiber

## DETAYLI BİLGİ

Tüm malzemeleri bir tencereye koyun. Su ile örtün ve orta ateşte pişirin. Kaynamaya başlayınca süzün. 4 saat pişirin.

Bir Çinliden süzün ve başka bir kaba değiştirin. Buzdolabında hızlı bir şekilde rezerve edin.

## KANDIRMAK

Bozulması daha kolay olduğu için kullanana kadar tuzlamayın. Soslar, çorbalar, pirinç yemekleri, güveçler vb. yapmak için temel et suyu olarak kullanılır.

# KONKASSE DOMATES

## İÇİNDEKİLER

1 kilo domates

120 gr soğan

2 diş sarımsak

1 dal biberiye

1 dal kekik

Şeker

1 dl zeytinyağı

Tuz

## DETAYLI BİLGİ

Soğan ve sarımsakları küçük parçalar halinde doğrayın. Bir tavada 10 dakika yavaş yavaş soteleyin.

Domatesleri dilimleyin ve otlar ile birlikte tavaya ekleyin. Domatesler suyunu tamamen çekene kadar pişirin.

Gerekirse tuz ekleyin ve şekeri düzeltin.

## KANDIRMAK

Önceden hazırlanıp buzdolabında hava geçirmez bir kapta saklanabilir.

# ROBERT SOS

İÇİNDEKİLER

200 gr taze soğan

100 gr tereyağı

½ lt et suyu

¼ litre beyaz şarap

1 yemek kaşığı un

1 yemek kaşığı hardal

Tuz ve biber

DETAYLI BİLGİ

Küçük parçalar halinde doğranmış frenk soğanı tereyağında soteleyin. Unu ekleyin ve 5 dakika yavaş yavaş pişirin.

Ateşi yükseltin, şarabı dökün ve sürekli karıştırarak yarı yarıya azalmasına izin verin.

Et suyunu ekleyin ve 5 dakika daha pişirin. Ateşten aldıktan sonra hardalı ekleyin ve tuz ve karabiber ekleyin.

KANDIRMAK

Domuz eti eşlik etmek için idealdir.

# PEMBE SOS

İÇİNDEKİLER

250 gr mayonez sosu (Et Et Suyu ve Soslar bölümüne bakın)

2 yemek kaşığı ketçap

2 yemek kaşığı brendi

½ portakal suyu

Tabasko

Tuz ve biber

DETAYLI BİLGİ

Mayonez, ketçap, brendi, meyve suyu, bir tutam tabasco, tuz ve karabiberi karıştırın. Homojen bir sos elde edene kadar iyice çırpın.

KANDIRMAK

Sosu daha pürüzsüz hale getirmek için ½ yemek kaşığı hardal ve 2 yemek kaşığı sıvı krema ekleyin.

# BALIK STOĞU

İÇİNDEKİLER

500 gr kemik veya beyaz balık başı

1dl beyaz şarap

1 dal maydanoz

1 pırasa

½ küçük soğan

5 karabiber

DETAYLI BİLGİ

Tüm malzemeleri bir tencereye koyun ve üzerini 1 lt soğuk su ile kapatın. Kaynatmayı bırakmadan orta ateşte 20 dakika kaynatın.

Süzün, başka bir kaba aktarın ve hızlıca buzdolabında saklayın.

KANDIRMAK

Bozulması daha kolay olduğu için kullanana kadar tuzlamayın. Sosların, pirinç yemeklerinin, çorbaların vb. temelidir.

# ALMAN SOSU

İÇİNDEKİLER

35 gr tereyağı

35 gr un

2 yumurta sarısı

½ litre et suyu (balık, et, kümes hayvanları vb.)

Tuz

DETAYLI BİLGİ

Unu tereyağında 5 dakika kısık ateşte kavurun. Hemen suyu ekleyin ve orta ateşte 15 dakika daha çırpmayı bırakmadan pişirin. Tuzu düzeltin.

Ateşten alıp çırpmayı bırakmadan yumurta sarılarını ekleyin.

KANDIRMAK

Sarıları kesilmemesi için çok ısıtmayın.

# CESUR SOSU

## İÇİNDEKİLER

750 gr kızarmış domates

1 küçük bardak beyaz şarap

3 yemek kaşığı sirke

10 çiğ badem

10 biber

5 dilim ekmek

3 diş sarımsak

1 soğan

Şeker

Zeytin yağı

Tuz

## DETAYLI BİLGİ

Bir tavada bütün sarımsağı kavurun. Geri çekil ve rezerve et. Bademleri aynı yağda soteleyin. Geri çekil ve rezerve et. Ekmeği aynı tavada kızartın. Geri çekil ve rezerve et.

Jülyen doğranmış kuru soğanı biberlerle birlikte aynı yağda soteleyin. Haşlandığında sirke ve bir kadeh şarapla ıslatılır. Yüksek ateşte 3 dakika azaltın.

Domates, sarımsak, badem ve ekmeği ekleyin. 5 dakika pişirin, karıştırın ve gerekirse tuz ve şeker ekleyin.

## KANDIRMAK

Bireysel buz küpü tepsilerinde dondurulabilir ve sadece gerekli miktarda kullanılabilir.

# KOYU BROTH (TAVUK VEYA DANA ETİ)

İÇİNDEKİLER

5 kg dana veya tavuk kemiği

500 gr domates

250 gr havuç

250 gr pırasa

125 gr soğan

½ litre kırmızı şarap

5 litre soğuk su

1 pio dalı

3 defne yaprağı

2 dal kekik

2 dal biberiye

15 karabiber

DETAYLI BİLGİ

Kemikleri 185ºC'de hafifçe kızarana kadar pişirin. Temizlenmiş ve orta boy doğranmış sebzeleri aynı tepsiye ekleyin. Sebzelerin kızarmasına izin verin.

Kemikleri ve sebzeleri büyük bir tencereye koyun. Şarabı ve otları ekleyin ve suyu ekleyin. Kısık ateşte 6 saat pişirin, ara sıra süzün. Süzün ve soğumaya bırakın.

## KANDIRMAK

Çok sayıda sos, güveç, pirinç yemeği, çorba vb. için temel oluşturur. Et suyu soğuduğunda, yağ üstte katılaşmış halde kalır. Bu şekilde çıkarmak daha kolay.

# MOJO PİKON

### İÇİNDEKİLER

8 yemek kaşığı sirke

2 çay kaşığı kimyon tanesi

2 çay kaşığı tatlı kırmızı biber

2 baş sarımsak

3 kırmızı biber

30 yemek kaşığı sıvı yağ

kaba tuz

### DETAYLI BİLGİ

Biber hariç tüm katı malzemeleri bir havanda macun kıvamına gelene kadar dövün.

Pul biberi ekleyip ezmeye devam edin. Homojen ve emülsifiye bir sos elde edene kadar sıvıyı azar azar ekleyin.

### KANDIRMAK

Meşhur buruşuk patateslere eşlik etmek ve ayrıca ızgara balıklar için idealdir.

# PESTO SOS

### İÇİNDEKİLER

100 gr çam fıstığı

100g Parmesan

1 demet taze fesleğen

1 diş sarımsak

hafif zeytinyağı

### DETAYLI BİLGİ

Çam fıstığının çıtırlığını fark edecek şekilde tüm malzemeleri çok homojen hale getirmeden karıştırın.

### KANDIRMAK

Çam fıstığını cevizle, fesleğen yerine taze roka kullanabilirsiniz. Başlangıçta harç ile yapılır.

# TATLI VE EKŞİ SOS

İÇİNDEKİLER

100 gr şeker

100 ml sirke

50ml soya sosu

1 limon kabuğu rendesi ve

1 portakalın kabuğu

DETAYLI BİLGİ

Şeker, sirke, soya sosu ve narenciye kabuğu rendesini 10 dakika pişirin. Kullanmadan önce soğumaya bırakın.

KANDIRMAK

Çin böreği için mükemmel bir eşlikçidir.

# YEŞİL MOJİTO

### İÇİNDEKİLER

8 yemek kaşığı sirke

2 çay kaşığı kimyon tanesi

4 adet yeşil biber

2 baş sarımsak

1 demet maydanoz veya kişniş

30 yemek kaşığı sıvı yağ

kaba tuz

### DETAYLI BİLGİ

Bir macun elde edene kadar tüm katıları dövün.

Homojen ve emülsifiye bir sos elde edene kadar sıvıyı azar azar ekleyin.

### KANDIRMAK

Streç film ile kapatılarak buzdolabında bir iki gün buzdolabında sorunsuz bir şekilde saklanabilir.

# beşamel sos

### İÇİNDEKİLER

85 gr tereyağı

85 gr un

1 litre süt

küçük hindistan cevizi

Tuz ve biber

### DETAYLI BİLGİ

Tereyağını bir tavada eritin, unu ekleyin ve kısık ateşte sürekli karıştırarak 10 dakika pişirin.

Sütü hemen ekleyin ve 20 dakika daha pişirin. Karıştırmaya devam edin. Tuz, karabiber ve muskat rendeleyin.

### KANDIRMAK

Topaklanmaması için un ile tereyağını kısık ateşte pişirin ve karışım neredeyse sıvı hale gelene kadar çırpmaya devam edin.

# AVCI SOSU

### İÇİNDEKİLER

200 gr mantar

200 gr domates sosu

125 gr tereyağı

½ lt et suyu

¼ litre beyaz şarap

1 yemek kaşığı un

1 taze soğan

Tuz ve biber

### DETAYLI BİLGİ

İnce kıyılmış taze soğanı tereyağında orta ateşte 5 dakika soteleyin.

Temizlenmiş ve dörde bölünmüş mantarları ekleyin ve ısıyı yükseltin. 5 dakika daha suyunu çekene kadar pişirin. Unu ekleyin ve karıştırmayı bırakmadan 5 dakika daha pişirin.

Şarabı ekleyin ve azaltın. Domates sosu ve et suyunu ekleyin. 5 dk daha pişirin.

### KANDIRMAK

Buzdolabında saklayın ve yüzeyde bir kabuk oluşmayacak şekilde üstüne hafif bir tereyağı tabakası yayın.

# AIOLI SOS

İÇİNDEKİLER

6 diş sarımsak

Sirke

½ lt hafif zeytinyağı

Tuz

DETAYLI BİLGİ

Sarımsağı tuzla havanda macun kıvamına gelene kadar ezin.

Kalın bir sos elde edilene kadar havaneli ile sürekli karıştırarak yavaş yavaş yağı ekleyin. Sosa biraz sirke ekleyin.

KANDIRMAK

Sarımsak püre yapılırken 1 yumurta sarısı eklenirse sosu yapmak daha kolay olur.

# AMERİKAN SOS

### İÇİNDEKİLER

150 gr nehir kereviti

250 gr karides ve karidesin kabukları ve başları

250 gr olgun domates

250 gr soğan

100 gr tereyağı

50 gr havuç

50 gr pırasa

½ lt balık suyu

1dl beyaz şarap

½ dl brendi

1 yemek kaşığı un

1 seviye çay kaşığı acı kırmızı biber

1 dal kekik

Tuz

### DETAYLI BİLGİ

Küçük parçalar halinde doğranmış domates hariç sebzeleri tereyağında soteleyin. Ardından, kırmızı biber ve unu soteleyin.

Yengeçleri ve diğer kabuklu deniz hayvanlarının başlarını soteleyin ve brendi ile flambe yapın. Yengeç kuyruklarını ayırın ve karkasları füme ile öğütün. Muhafazada hiçbir kalıntı kalmayana kadar 2 veya 3 kez süzün.

Et suyunu, şarabı, dörde bölünmüş domatesleri ve kekiği sebzelere ekleyin. 40 dakika pişirin, öğütün ve tuzlayın.


KANDIRMAK

Biber dolması, maymunbalığı veya balık köftesi için mükemmel sos.

# AURORA SOS

İÇİNDEKİLER

45 gr tereyağı

½ litre velouté sos (Et Et Suyu ve Soslar bölümüne bakın)

3 yemek kaşığı domates sosu

DETAYLI BİLGİ

Velouté sosu kaynatın, yemek kaşığı domates ekleyin ve bir çırpma teli ile çırpın.

Ateşten alın, tereyağını ekleyin ve iyice karışana kadar karıştırmaya devam edin.

KANDIRMAK

Doldurulmuş yumurtalara eşlik etmek için bu sosu kullanın.

# BARBEKÜ SOSU

İÇİNDEKİLER

1 kutu Coca Cola

1 su bardağı domates sosu

1 su bardağı ketçap

½ su bardağı sirke

1 çay kaşığı kekik

1 çay kaşığı kekik

1 çay kaşığı kimyon

1 diş sarımsak

1 kıyılmış kırmızı biber

½ soğan

Zeytin yağı

Tuz ve biber

DETAYLI BİLGİ

Soğanı ve sarımsağı küçük küçük doğrayıp sıvı yağda biraz kavurun. Yumuşayınca domates, ketçap ve sirkeyi ekleyin.

3 dakika pişirin. Karabiber ve baharatları ekleyin. Karıştırın, Coca-Cola'yı dökün ve kalın bir doku kalana kadar pişirin.

## KANDIRMAK

Tavuk kanatları için mükemmel bir sostur. Bireysel buz küpü tepsilerinde dondurulabilir ve sadece gerekli miktarda kullanılabilir.

# BEYAZ SOS

## İÇİNDEKİLER

250 gr sadeyağ

1 dl tarhun sirkesi

1dl beyaz şarap

3 yumurta sarısı

1 arpacık soğan (veya ½ küçük taze soğan)

tarhun

Tuz ve biber

## DETAYLI BİLGİ

Küçük parçalar halinde doğranmış arpacık soğanı, sirke ve şarapla birlikte bir tencerede ısıtın. Yaklaşık 1 yemek kaşığı alana kadar azaltın.

Terbiyeli yumurta sarılarını benmari usulü eritin. Hacim iki katına çıkana kadar şarap ve sirke azaltma artı 2 yemek kaşığı soğuk su ekleyin.

Yumurta sarılarına eritilmiş tereyağını çırpmayı bırakmadan azar azar ekleyin. Biraz doğranmış tarhun ekleyin ve 50 ºC'den fazla olmayan bir su banyosunda tutun.

## KANDIRMAK

Bu sosun kesilmemesi için benmari usulü kısık ateşte bekletilmesi önemlidir.

# KARBONARA SOSU

### İÇİNDEKİLER

200 gr pastırma

200 gr krema

150 gr Parmesan

1 orta boy soğan

3 yumurta sarısı

Tuz ve biber

### DETAYLI BİLGİ

Küçük küpler halinde doğranmış soğanı soteleyin. Sotelendiğinde ince şeritler halinde kesilmiş pastırmayı ekleyin ve kızarana kadar ateşte bırakın.

Ardından kremayı dökün, tuz ve karabiber ekleyin ve 20 dakika yavaş yavaş pişirin.

Ateşten alınca rendelenmiş peynir, yumurta sarısı ekleyin ve karıştırın.

### KANDIRMAK

Başka bir zamana bırakılırsa, sıcakken, kısık ateşte ve çok uzun sürmeden yapın ki yumurta kesilmesin.

# LEZZETLİ SOS

İÇİNDEKİLER

200 gr taze soğan

100 gr salatalık

100 gr tereyağı

½ lt et suyu

125cl beyaz şarap

125cl sirke

1 yemek kaşığı hardal

1 yemek kaşığı un

Tuz ve biber


DETAYLI BİLGİ

Doğranmış maydanozları tereyağında kavurun. Unu ekleyin ve 5 dakika yavaş yavaş pişirin.

Isıyı yükseltin ve şarap ve sirkeyi dökün ve sürekli karıştırarak yarı yarıya azaltın.

Et suyunu, jülyen doğranmış turşuları ekleyin ve 5 dakika daha pişirin. Ateşten alın ve hardalı ekleyin. Mevsim.


KANDIRMAK

Bu sos yağlı etler için idealdir.

# CUMBERLAND SOS

İÇİNDEKİLER

150 gr kuş üzümü reçeli

½ dl bağlantı noktası

1 bardak koyu et suyu (Et Suyu ve Soslar bölümüne bakın)

1 çay kaşığı zencefil tozu

1 yemek kaşığı hardal

1 arpacık

½ portakal kabuğu

½ limon kabuğu

½ portakal suyu

½ limon suyu

Tuz ve biber

DETAYLI BİLGİ

Portakal ve limon kabuklarını ince jülyen şeritler halinde kesin. Soğuk sudan pişirin ve 10 sn kaynatın. İşlemi 2 kez tekrarlayın. Boşaltın ve yenileyin.

Arpacık soğanı ince ince doğrayın ve frenk üzümü reçeli, porto, et suyu, narenciye kabukları ve meyve suları, hardal, zencefil, tuz ve karabiber ile sürekli karıştırarak 1 dakika pişirin. Soğumaya bırakın.

## KANDIRMAK

Pate veya av yemeklerine eşlik edecek mükemmel bir sostur.

# KÖRİ SOSU

İÇİNDEKİLER

200 gr soğan

2 yemek kaşığı un

2 yemek kaşığı köri

3 diş sarımsak

2 büyük domates

1 dal kekik

1 defne yaprağı

1 şişe hindistan cevizi sütü

1 elma

1 muz

Zeytin yağı

Tuz

DETAYLI BİLGİ

Küçük küçük doğradığınız soğan ve sarımsağı sıvı yağda soteleyin. Köriyi ekleyin ve 3 dk haşlayın. Unu ekleyin ve sürekli karıştırarak 5 dakika daha soteleyin.

Dörde bölünmüş domatesleri, otları ve hindistancevizi sütünü ekleyin. 30 dk kısık ateşte pişirin. Soyulmuş ve doğranmış elma ve muzu ekleyin ve 5 dakika daha pişirin. Tuzu ezin, süzün ve rektifiye edin.

KANDIRMAK

Bu sosu daha az kalorili yapmak için hindistancevizi sütünü ikiye bölün ve tavuk suyuyla değiştirin.

# SARIMSAKLI SOS

İÇİNDEKİLER

250 ml krema

10 diş sarımsak

Tuz ve biber

DETAYLI BİLGİ

Sarımsakları soğuk suda 3 defa haşlayın. Kaynatın, süzün ve soğuk sudan tekrar kaynatın. Bu işlemi 3 kez tekrarlayın.

Beyazlattıktan sonra krema ile birlikte 25 dakika pişirin. Son olarak baharatlayın ve karıştırın.

KANDIRMAK

Tüm kremler aynı değildir. Çok kalınsa, biraz krema ekleyin ve 5 dakika daha pişirin. Aksine çok sıvı ise daha uzun süre pişirin. Balık için mükemmeldir.

# Böğürtlen Sosu

İÇİNDEKİLER

200 gr böğürtlen

25 gr şeker

250 ml İspanyol sosu (Et Et Suyu ve Soslar bölümüne bakın)

100 ml tatlı şarap

2 yemek kaşığı sirke

1 yemek kaşığı tereyağı

Tuz ve biber

DETAYLI BİLGİ

Kısık ateşte şekerle karamel yapın. Sirkeyi, şarabı, böğürtlenleri ekleyin ve 15 dakika pişirin.

İspanyol sosunu dökün. Tuz ve karabiber ekleyin, karıştırın, süzün ve tereyağı ile birlikte kaynatın.

KANDIRMAK

Av etleri için mükemmel bir sostur.

# ELMA SOSU

### İÇİNDEKİLER

250 ml krema

1 şişe elma şarabı

1 kabak

1 havuç

1 pırasa

Tuz

### DETAYLI BİLGİ

Sebzeleri küp küp doğrayın ve yüksek ateşte 3 dakika soteleyin. Elma şarabını dökün ve 5 dakika azaltın.

Kremayı, tuzu ekleyin ve 15 dakika daha pişirin.

### KANDIRMAK

Izgara çipura filetosu veya bir dilim somon balığı için mükemmel eşlik.

# KETÇAP

İÇİNDEKİLER

1 ½ kg olgun domates

250 gr soğan

1 bardak beyaz şarap

1 jambon kemiği

2 diş sarımsak

1 büyük havuç

taze kekik

taze Biberiye

şeker (isteğe bağlı)

Tuz

DETAYLI BİLGİ

Soğan, sarımsak ve havucu jülyen şeritler halinde kesin ve orta ateşte kızartın. Sebzeler yumuşayınca kemiği ekleyin ve şaraba dökün. Ateşi aç.

Dörde bölünmüş domatesleri ve aromatik otları ekleyin. 30 dakika pişirin.

Kemik ve otları çıkarın. Gerekirse tuz ve şekeri ezin, süzün ve rektifiye edin.

KANDIRMAK

Her zaman elinizin altında lezzetli bir ev yapımı domates sosu olması için ayrı buz küpü tepsilerinde dondurun.

# PEDRO XIMENEZ ŞARAP SOS

İÇİNDEKİLER

35 gr tereyağı

250 ml İspanyol sosu (Et Et Suyu ve Soslar bölümüne bakın)

75 ml Pedro Ximenez şarabı

Tuz ve biber

DETAYLI BİLGİ

Şarabı orta ateşte 5 dakika ısıtın. İspanyol sosu ekleyin ve 5 dakika daha pişirin.

Koyulaştırmak ve parlatmak için, doğranmış soğuk tereyağını çırpmaya devam ederken ısıyı ekleyin. Mevsim.

KANDIRMAK

Porto şarabı gibi herhangi bir tatlı şarapla yapılabilir.

# KREMA SOSU

### İÇİNDEKİLER

½ lt beşamel sos (Et Et Suyu ve Soslar bölümüne bakın)

200cl krema

½ limon suyu

### DETAYLI BİLGİ

Beşameli kaynatın ve kremayı ekleyin. Yaklaşık 400 cl sos elde edene kadar pişirin.

Ateşten alınca limon suyunu ekleyin.

### KANDIRMAK

Graten, balık ve doldurulmuş yumurta sosu yapmak için idealdir.

# MAYONEZ SOS

## İÇİNDEKİLER

2 yumurta

½ limon suyu

½ lt hafif zeytinyağı

Tuz ve biber

## DETAYLI BİLGİ

Yumurtaları ve limon suyunu bir blender bardağına koyun.

Çırpmaya devam ederken yağı ince bir iplik halinde ekleyerek blender 5 ile çırpın. Tuz ve karabiberi düzeltin.

## KANDIRMAK

Öğütme sırasında kesilmemesi için diğer malzemelerle birlikte blender camına 1 yemek kaşığı sıcak su ekleyin.

# YOĞURT VE DILLE SOSU

## İÇİNDEKİLER

20 gr soğan

75 ml mayonez sosu (Et Et Suyu ve Soslar bölümüne bakın)

1 yemek kaşığı bal

2 yoğurt

Dereotu

Tuz

## DETAYLI BİLGİ

Pürüzsüz bir sos elde edene kadar dereotu hariç tüm malzemeleri karıştırın.

Dereotunu ince ince kıyıp sosa ilave edin. Tuzu çıkarın ve düzeltin.

## KANDIRMAK

Kızarmış patates veya kuzu etinin yanına çok yakışır.

# ŞEYTAN SOSU

### İÇİNDEKİLER

100 gr tereyağı

½ lt et suyu

3dl beyaz şarap

1 taze soğan

2 biber

Tuz

### DETAYLI BİLGİ

Taze soğanı küçük parçalar halinde kesin ve yüksek sıcaklıkta soteleyin. Acı biberi ekleyin, şarabı dökün ve hacminin yarıya inmesine izin verin.

Et suyu ile ıslatın, 5 dakika daha pişirin ve tuz ve baharat ekleyin.

Çok soğuk tereyağını ocaktan alın ve kalın ve parlak olana kadar bir çırpma teli ile karıştırın.

### KANDIRMAK

Bu sos tatlı şarapla da yapılabilir. Sonuç mükemmel.

# İSPANYOL SOSU

### İÇİNDEKİLER

30 gr tereyağı

30 gr un

1 lt et suyu (azaltılmış)

Tuz ve biber

### DETAYLI BİLGİ

Unu tereyağında hafif kızarana kadar kavurun.

Kaynayan suyu karıştırarak dökün. 5 dakika pişirin ve tuz ve karabiber ekleyin.

### KANDIRMAK

Bu sos, birçok detaylandırmanın temelidir. Yemek pişirmede temel sos denen şey budur.

# HOLLANDA SOSU

### İÇİNDEKİLER

250 gr tereyağı

3 yumurta sarısı

¼ limon suyu

Tuz ve biber

### DETAYLI BİLGİ

Tereyağını eritin.

Yumurta sarılarını biraz tuz, karabiber ve limon suyu artı 2 yemek kaşığı soğuk su ile benmari usulü iki katına çıkana kadar çırpın.

Çırpmaya devam ederken eritilmiş tereyağını yumurta sarılarına azar azar ekleyin. 50 ºC'den fazla olmayan bir su banyosunda tutun.

### KANDIRMAK

Bu sos, üzerinde somon füme olan bazı küçük kızarmış patateslere eşlik etmek için muhteşem.

# İTALYAN SOSU

### İÇİNDEKİLER

125 gr domates sosu

100 gr mantar

50 gr york jambonu

50 gr taze soğan

45 gr tereyağı

125 ml İspanyol sosu (Et Et Suyu ve Soslar bölümüne bakın)

90ml beyaz şarap

1 dal kekik

1 dal biberiye

Tuz ve biber

### DETAYLI BİLGİ

Taze soğanı ince ince doğrayıp sıvıyağda kavurun. Yumuşayınca ateşi yükseltin ve dilimlenmiş ve temizlenmiş mantarları ekleyin. Doğranmış jambonu ekleyin.

Şarabı ve otları dökün ve tamamen azalmasına izin verin.

İspanyol sosu ve domates sosu ekleyin. 10 dakika pişirin ve tuz ve karabiber ekleyin.

## KANDIRMAK
Makarna ve haşlanmış yumurta için idealdir.

# MUSSELİN SOS

## İÇİNDEKİLER

250 gr tereyağı

85 ml krem şanti

3 yumurta sarısı

¼ limon suyu

Tuz ve biber

## DETAYLI BİLGİ

Tereyağını eritin.

Yumurta sarılarını biraz tuz, karabiber ve limon suyu ile benmari usulü eritin. Hacmi iki katına çıkana kadar 2 yemek kaşığı soğuk su ekleyin. Tereyağını çırpmaya ara vermeden yumurta sarılarına azar azar ekleyin.

Servis anında kremayı çırpın ve yumuşak ve saran hareketlerle önceki karışıma ekleyin.

## KANDIRMAK

50 ºC'den fazla olmayan bir su banyosunda tutun. Somon, istiridye, kuşkonmaz vb. ızgara yapmak için mükemmeldir.

# REMOULADE SOS

İÇİNDEKİLER

250 gr mayonez sosu (Et Et Suyu ve Soslar bölümüne bakın)

50 gr salatalık

50 gr kapari

10 gr hamsi

1 çay kaşığı kıyılmış taze maydanoz

DETAYLI BİLGİ

Hamsileri püre haline gelene kadar havanda dövün. Kapari ve salatalıkları çok küçük parçalar halinde kesin. Malzemelerin geri kalanını ekleyin ve karıştırın.

KANDIRMAK

Doldurulmuş yumurtalar için idealdir.

# BİZKAİN SOS

İÇİNDEKİLER

500 gr soğan

400 gr taze domates

25 gr ekmek

3 diş sarımsak

4 chorizo veya ñoras biber

şeker (isteğe bağlı)

Zeytin yağı

Tuz

DETAYLI BİLGİ

Eti çıkarmak için ñoraları ıslatın.

Soğanları ve sarımsağı jülyen şeritler halinde kesin ve orta ateşte üstü kapalı bir güveçte 25 dakika soteleyin.

Ekmek ve doğranmış domatesleri ekleyin ve 10 dakika daha pişirmeye devam edin. ñoraların etini ekleyin ve 10 dakika daha pişirin.

Gerekirse tuzu ve şekeri ezin ve düzeltin.

KANDIRMAK

Yaygın olmamakla birlikte spagetti ile yapılan harika bir sostur.

# MÜREKKEP SOSU

İÇİNDEKİLER

2 diş sarımsak

1 büyük domates

1 küçük soğan

½ küçük kırmızı dolmalık biber

½ küçük yeşil dolmalık biber

2 poşet kalamar mürekkebi

Beyaz şarap

Zeytin yağı

Tuz

DETAYLI BİLGİ

Sebzeleri küçük parçalar halinde kesin ve 30 dakika boyunca yavaşça soteleyin.

Rendelenmiş domatesi ekleyin ve orta-yüksek ateşte suyunu çekene kadar pişirin. Isıyı yükseltin ve mürekkep poşetlerini ve biraz şarap ekleyin. Yarı yarıya azaltalım.

Ezin, süzün ve tuzla tatlandırın.

KANDIRMAK

Öğütüldükten sonra biraz daha mürekkep eklenirse sos daha parlak olur.

# SABAH SOSU

## İÇİNDEKİLER

75 gr parmesan peyniri

75 gr tereyağı

75 gr un

1 litre süt

2 yumurta sarısı

küçük hindistan cevizi

Tuz ve biber

## DETAYLI BİLGİ

Tereyağını bir tencerede eritin. Unu ekleyin ve sürekli karıştırarak 10 dakika kısık ateşte pişirin.

Sütü bir defada dökün ve sürekli karıştırarak 20 dakika daha pişirin.

Yumurta sarılarını ve peyniri ocaktan alıp karıştırmaya devam edin. Tuz, karabiber ve muskat rendeleyin.

## KANDIRMAK

Graten için mükemmel bir sostur. Her türlü peynir kullanılabilir.

# ROMESCO SOS

İÇİNDEKİLER

100 gr sirke

80 gr kavrulmuş badem

½ çay kaşığı tatlı kırmızı biber

2 veya 3 adet olgun domates

2 yıl

1 küçük dilim kızarmış ekmek

1 baş sarımsak

1 acı biber

250 gr sızma zeytinyağı

Tuz


DETAYLI BİLGİ

ñoraları 30 dakika sıcak suda nemlendirin. Hamurunu çıkarın ve rezerve edin.

Fırını 200 ºC'ye ısıtın ve domatesleri ve sarımsak başını kızartın (domatesler yaklaşık 15 veya 20 dakikaya ihtiyaç duyar ve sarımsaklar biraz daha az).

Domatesler kavrulduktan sonra kabuklarını ve çekirdeklerini temizleyin ve sarımsakları teker teker çıkarın. Bademler, kızarmış ekmek, ñoraların eti, yağ ve sirke ile birlikte bir blender bardağına koyun. İyi döv.

Sonra tatlı kırmızı biber ve bir tutam acı biber ekleyin. Tekrar çırpın ve tuzu düzeltin.

## KANDIRMAK
Sosu fazla parçalamayın.

# SOUBİS SOS

İÇİNDEKİLER

100 gr tereyağı

85 gr un

1 litre süt

1 soğan

küçük hindistan cevizi

Tuz ve biber

DETAYLI BİLGİ

Tereyağını bir tavada eritin ve ince şeritler halinde doğranmış soğanı 25 dakika yavaşça soteleyin. Unu ekleyin ve sürekli karıştırarak 10 dakika daha pişirin.

Sütü birden dökün ve sürekli karıştırarak kısık ateşte 20 dakika daha pişirin. Tuz, karabiber ve muskat rendeleyin.

KANDIRMAK

Olduğu gibi veya ezilmiş olarak servis edilebilir. Cannelloni için mükemmeldir.

# TARTAR SOSU

### İÇİNDEKİLER

250 gr mayonez sosu (Et Et Suyu ve Soslar bölümüne bakın)

20 gr frenk soğanı

1 yemek kaşığı kapari

1 yemek kaşığı taze maydanoz

1 yemek kaşığı hardal

sirke içinde 1 salatalık

1 haşlanmış yumurta

Tuz

### DETAYLI BİLGİ

Taze soğan, kapari, maydanoz, salatalık ve haşlanmış yumurtayı ince ince doğrayın.

Her şeyi karıştırın ve mayonez ve hardalı ekleyin. Bir tutam tuz koyun.

### KANDIRMAK

Balık ve soğuk etler için mükemmel bir eşlikçidir.

# ŞEKERLEME SOS

### İÇİNDEKİLER

150 gr şeker

70 gr tereyağı

300 ml krema

### DETAYLI BİLGİ

Tereyağı ve şeker ile hiç karıştırmadan karamel yapın.

Karamel kıvamına gelince ocaktan alıp kremayı ekleyin. 2 dakika yüksek ateşte pişirin.

### KANDIRMAK

Şekerlemeyi 1 dal biberiye ekleyerek tatlandırabilirsiniz.

# SEBZE ÇORBASI

### İÇİNDEKİLER

250 gr havuç

250 gr pırasa

250 gr domates

150 gr soğan

150 gr şalgam

100 gr kereviz

Tuz

### DETAYLI BİLGİ

Sebzeleri iyice yıkayın ve normal parçalar halinde kesin. Bir tencereye koyun ve soğuk suyla örtün.

2 saat kısık ateşte pişirin. Süzün ve tuz ekleyin.

### KANDIRMAK

Kullanılan sebzeler iyi bir krema yapmak için kullanılabilir. Daima kapaksız pişirin, böylece su buharlaştığında tatlar daha iyi konsantre olur.

www.ingramcontent.com/pod-product-compliance
Lightning Source LLC
Chambersburg PA
CBHW070425120526
44590CB00014B/1533